알고 떠나는
미국유학 성공 노하우!

미국유학
유쾌한 점프

미국유학 유쾌한 점프

2008년 4월 7일 초판 1쇄 인쇄
2008년 4월 14일 초판 1쇄 발행

지은이 _ 배소연, 서동현, 서정현
펴낸이 _ 김미희

북디자인 _ 고시영
일러스트 _ 홍순원
마케팅 _ 민영구

펴낸곳 _ 도서출판 열린아트
주소 _ 서울 중구 필동 3가 28-1 서울캐피탈빌딩 303호
     _ 전화 02-2269-8167, 팩스 02-2269-8168
출판등록 _ 2001년 7월 12일 제2-3376호

ISBN 978-89-91758-08-7 03040

값 12,000원

알고 떠나는
미국유학 성공 노하우!

미국유학
유쾌한 점프

저자 배소연·서동현·서정현

도서출판 열린아트

감사의 말

이 책이 나오기까지 많은 분들의 도움이 있었습니다. 책을 쓰도록 곁에서 격려해 주신 성균관대학교의 서명원 교수와 소심 유치원의 이경숙 이사장님, 출판을 도와주신 이화여자대학교 김재은 교수님, 그리고 책에 쓸 사진을 찍도록 허락해 주신 Moorestown School District의 John Bach 교육장님, Upper Elementary School의 Jim Marchesani 교장 선생님, Middle School의 Ray Kelly 교감선생님, High School의 Andrew Siebel 교감선생님께 감사드리며, 사진을 찍을 때 학교를 안내해 주신 William Allen Middle School의 Ms. Toni Matarazzo, High School의 Ms. Kathleen Farren, Mr. Scott Stilts께 진심으로 감사드립니다. 마지막으로 책의 출판을 선뜻 허락해 주신 도서출판 열린아트의 김미희 편집장님께도 깊은 감사를 드립니다.

미국학교에 아이를 보내십니까?

최근 들어 조기유학이나 이민을 통해 미국의 학교에 자녀를 보내는 가정이 늘어나고 있습니다. 어디서 학교를 보내든 부모가 아이들의 학교생활을 알고, 마음을 쓰고, 도와주어야 아이들은 잘 배우고 자랄 수 있습니다. 조기유학으로 아이만 보내면 미국 현지의 보호자(Guardian)에게 아이를 맡기거나, 기숙사가 있는 사립학교(Boarding School)에 보내어 학교에 모든 것을 맡기게 됩니다. 그렇지 않고 한 쪽 부모가 아이만 데리고 가거나 가족 모두가 이민을 간다면 대개 미국에서 학교생활을 해 보지 않은 부모들이 아이의 학교생활을 도와주어야 합니다.

아이를 미국학교에 보내지만 한국에 있으면서 모든 것을 Guardian이나 Boarding School에 맡겨야 하는 부모라면 아마 어느 날 갑자기 우리 아이가 도대체 어떤 곳에서 무엇을 하고 있는지 몰라 가슴이 답답해지는 경험을 하신 적이 있을 것입니다. 또 아이와 함께 있기는 하지만 미국의 문화는 물론이고, 학교의 체제나 교육내용에 생소한 이민 가정이나 기러기 가정의 부모들은 아이들이 무엇을 물어보거나 책에서 답을 찾을 수 없는 사소한 일들에 대해 물어볼 때 어떻게 해야 할지 몰라 당황한 경우가 있었을 것입니다. 더욱이 여기에 우리 모두가 느끼는 언어의 장벽 문제가 더해져 안타까움이 속상함과 무력함으로 이어질 때도 있을 것입니다.

이 책은 한국에서 초등학교 4학년과 6학년을 마치고 미국으로 와 지금은 고등학교 10학년과 12학년에 다니는 두 아이의 경험과, 미국대학에서 교사가 될 대학생들을 가르치고 있는 엄마의 경험과 지식을 바탕으로 씌어 졌습니다. 미국학교 교육의 방향과 특징들, 미국학교의 학제, 아이를 학교에 보낼 때 일상생활에서 일어날 수 있는 여러 가지 상황과 그 상황에서 사용할 수 있는 영어 대화나 영문 편지의 예문들을 실었습니다. 미국이 워낙 큰 나라이고 지방자치제가 잘 발달하여 주나 지역마다 교육제도나 방법이 서로 달라 이 책의 내용이 미국의 전 지역에 그대로 적용되지 않을 수도 있습니다. 하지만 말과 문화가 다른 나라에서 공부하고 있는 많은 한국 아이들이 미국학교에 잘 적응하여 학교생활에서 유쾌한 점프를 하고, 또 미국학교에 자녀를 보내는 부모들이 자녀들의 미국생활을 이해하는데 작은 도움이 될 수 있을 것입니다.

배소연

CONTENTS

Adaptation Jump 적응 점프

Life Jump

생활 점프

01 096

Jump mentoring 질병

아픈 아이를 학교에 보낼 때

열여덟 번째 영어편지 쓰기
아픈 아이를 학교에 보낼 때

02 100

Jump mentoring 성적

궁금한 성적
언제든지 물어보자

열아홉 번째 영어편지 쓰기
아이의 성적을 교사에게 문의할 때
스무 번째 영어편지 쓰기
성적에 대해 교사에게 자문을 구할 때
아이 생각 이해하기 • 여섯
장애아를 위한 교육제도의 이해 및 활용

03 108

Jump mentoring 면담

높은 교육효과를 위해
꼭 필요한 교사와의 면담

스물한 번째 영어편지 쓰기
상담교사와 면담일정을 잡을 때
스물두 번째 영어편지 쓰기
교사와 이메일로 면담하는 방법

04 116

Jump mentoring 점심값

점심값을 잊고 갔을 때는
어떻게 할까

스물세 번째 영어편지 쓰기
샌드위치용 고기 살 때
스물네 번째 영어편지 쓰기
점심값을 잊고 갔을 때 교사에게 알리는 방법

05 122

Jump mentoring 서류발급

추천서나 서류를 부탁할 때

스물다섯 번째 영어편지 쓰기
상담교사에게 재학증명서를 신청할 때
스물여섯 번째 영어편지 쓰기
교사에게 추천서 써주기를 부탁할 때

부모가 교사와 진솔하게 의견을 교환하고,
학교와 협력하여 아이가 학교에
잘 적응하도록 이끌어 주어야 합니다.

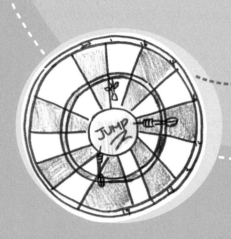

Adaptation Jump 적응 점프

설렘과 걱정, 그리고 대화의 힘

아이가 드디어 첫 등교를 하는 날이다. 밤새 설렘과 걱정으로 잠 못 이루고 뒤척였다. 우리가 한국에 있었더라도 마찬가지였겠지만 머나먼 타국으로 유학을 온 터라 그 설렘과 긴장이 서너 배는 더 했다. 공부는 제대로 할까? 행여 동양인이라고 놀림을 받지 않을까? 영어가 짧아서 말을 알아듣지 못하고 실수를 하지 않을까? 점심이나 제대로 챙겨 먹을까? 친구는 사귈 수 있을까? 등등 설렘은 제쳐두고라도 걱정이 꼬리에 꼬리를 문다.

불안한 마음 같아서는 교사에게 직접 양해를 구하고 아이와 함께 며칠 동안이라도 교실에 머무르면서 통역도 해주고, 아이의 적응을 도와주고 싶었다. 하지만 그것이 가능한 일인지도 모르겠고, 부모가 불안해하면 아이는 더 할 것 같아서 그만 두었다. 급할 때 써야 하는 몇 가지 단어를 아는지 확인하고 아이를 교실에 들여보냈다. 그리고 오후에 아이가 웃는 얼굴로 학교버스에서 내리는 것을 볼 때까지 나는 아무 일도 하지 못했다.

아이가 첫 등교를 하는 날이면 아이는 물론 부모도 긴장하거나 설레게 된다. 하물며 그것이 말과 문화가 다른 외국에서라면 설렘과 긴장에서 한 걸음 더 나아가 불안하기까지 한 것은 당연한 일인지도 모른다. 그러나 다행스럽게도 미국은 여러 민족이 모여 사는 나라이므로 대부분의 미국 교사들은 외국에서 온 아이들에게 마음의 문을 열고, 이들을 받아들일 준비가 되어있다. 중요한 것은 부모가 교사와 얼마나 진솔하게 의견을 교환하고, 학교와 협력하여 아이가 학교에 잘 적응하도록 돕는가이다.

미국 교육계에서 강조하는 교육안

1. 미국 내에 소수 민족의 학생 수가 증가하면서 다양한 가정적, 문화적 배경의 차이를 인정하고 존중하고자 한다.

2. 문화적 특징으로 말미암아 교사가 아이를 이해하기 어려운 경우, 아이의 가정과 친밀한 협력체계를 구축하여 적절한 교육을 제공한다.

3. 교사는 여러 경로를 통해 각 가정의 문화적 배경을 이해하려 애쓰고, 부모와의 효과적인 의사소통을 위한 방법을 배운다.

현명한 엄마의 지혜로운 선택을 위한 멘토링

1. 교사와 만나 아이에 대한 충분한 이야기를 나눈다.
아이의 성격과 싫어하는 것 좋아하는 것을 알리고, 한국과 미국의 문화적 차이를 요약해서 알려준다.

2. 미국 교사들은 모든 아이들에게 비교적 공정하게 대하고, 존중한다는 긍정적인 마음을 갖고 아이를 맡긴다.

3. 아이가 첫 등교 하는 날, 아이를 소개하는 간단한 편지를 적어 보낸다.
초등학교의 경우 부모가 직접 찾아가서 상담할 수도 있지만, 과목마다 교사가 바뀌는 중학교 이상의 경우는 효과적이지 않다. 이메일이나 편지를 모든 과목의 교사에게 보내는 것이 효과적이다.

4. 문명의 혜택을 십분 활용하라.
모든 교사에게 교육청 단위의 이메일 계정을 제공해 주고 있으므로, 그때그때 이메일로 의견을 교환하는 것도 좋은 방법이다.

처음 등교 하는 자녀를 위한 편지

September 5, 2006

Dear Ms. Smith,

How are you doing? My name is Ji-Young Kim, mother of Michael Kim. Since Michael cannot speak English very well, I thought it might be easier for you to understand him better if I wrote this letter. We are from South Korea. It's been about three months since we first came to the US.

Due to the different school system, an academic year starts in March and ends in February in Korea. Therefore, Michael completed a half of the school year in 6th grade as of last July. When we registered Michael in August, we decided to have him repeat one semester of 6th grade rather than jump up to 7th grade, so that he can concentrate on learning English for the first semester. As you might have guessed, his first language is Korean, and he doesn't speak much English now. However, he is smart and has willingness to study in the US. I am sure that he will pick up on learning English soon and eventually be able to speak it well. He has a younger sister, who is in 3rd grade. He likes pizza and chicken nuggets. He is not allergic to any food. He enjoys playing sports such as soccer. Also, he can play the piano very well. He likes math, but he doesn't like science very much.

My husband and I would try to help him to learn English at home; however, he will also need your and other children's help and emotional support at school. We would appreciate it if you made him a friend who can help him. Should you have any further questions about him, please feel free to contact me via e-mail at jykim68@yahoo.com or phone. Our home phone number is 222-9816.

Thank you so much for your time and concern.

Sincerely,
Ji-Young Kim

편지, 이렇게 쓰면 매너 만점! 효과는 백만 점!

정보에 강해야 한다!
담임교사나 담당교사들의 정확한 이름과 이메일 주소, 호칭(Mr., Mrs., Ms.) 등을 미리 알아둔다. 학교 홈페이지에 들어가면 교사의 이름과 담임학급, 담당과목, 호칭에 대한 정보를 얻을 수 있다.

학교 홈페이지는?
Yahoo나 MSN 등의 검색엔진에 들어가 학교 이름, 지역 이름, 우편번호 등을 입력하면 쉽게 찾을 수 있다. 학교에 관한 여러 정보 또한 홈페이지를 통해 알 수 있으므로 즐겨찾기에 담아 두는 센스!

요점 정리가 중요!
아이의 일반적인 특성과 장점, 도움이나 관심이 필요한 점 등을 열거해 보고 무슨 말을 먼저 쓸 것인지 정리해 둔다. 아이가 새로운 문화와 언어에 익숙해져야 하므로 교사의 도움이 필요하다는 점을 꼭 언급한다.

무엇을 쓸까?
아이의 이름, 한국에서의 학교 경험, 소극적인지 적극적인에 관한 일반적인 성격, 좋아하는 것, 싫어하는 것, 잘하는 것, 도움이 필요한 점 등의 순서로 쓴다.

예의도 잊지 말자.
아이에 관해 의문이 나는 점이 있거나 궁금한 것은 언제라도 물어봐 달라는 내용을 쓰고, 집 전화번호나 부모의 이메일 주소 등을 알려준다. 마지막으로 편지를 읽어 주어 고맙다는 인사말로 맺는 것은 세계 공통의 예의!

스미스 선생님께

안녕하십니까? 저는 김지영이라고 하며 김 마이클의 엄마입니다. 마이클이 아직 영어를 잘 못하기 때문에 제가 알려 드리는 것이 선생님께서 마이클을 이해하는데 도움이 될 것 같아 편지를 드립니다. 저희는 한국에서 왔고, 아이들이 미국에 온 지 이제 3개월쯤 되었습니다.

한국의 학교체제는 미국과 달라 3월에 학년이 시작되고 다음해 2월에 학년이 끝납니다. 그래서 지난 7월까지 마이클은 한국의 학교에서 6학년의 절반을 마치고 왔습니다. 하지만 지난 8월 교육청에 입학 등록을 할 때 저희는 마이클을 7학년에 넣기보다는 다시 6학년으로 입학하도록 결정을 했습니다. 영어 배우는 것에 조금 더 집중을 할 수 있도록 하기 위해서 입니다. 선생님께서 아시고 계시리라 생각됩니다만, 마이클의 모국어는 한국어이며 지금은 영어를 잘하지 못합니다. 하지만 마이클이 우수한 아이이고 또 미국의 학교에서 공부하고 싶어 합니다. 그래서 곧 영어를 배울 수 있게 될 것이며 영어로 잘 말할 수 있게 될 것이라 생각합니다.

마이클에게는 3학년인 여동생이 있습니다. 좋아하는 음식은 피자와 치킨 너겟이며, 음식에 대한 알레르기는 없습니다. 축구 같은 스포츠 활동을 아주 좋아하고 피아노도 잘 칩니다. 수학 과목은 좋아하지만 과학 과목에는 그다지 흥미가 없는 것 같습니다.

저희들이 집에서도 마이클이 하루 빨리 영어를 배울 수 있도록 많이 도와주겠습니다. 하지만 학교에서도 선생님과 다른 아이들의 도움이 이해가 많이 필요하다고 생각합니다. 혹시 선생님께서 마이클이 친구를 사귈 수 있도록 도와주시면 정말 감사하겠습니다.

혹시 마이클에 대해 의문이 나는 것이 있으시면 주저하지 마시고 저에게 연락해 주십시오. 이메일 주소는 jykim68@yahoo.com이고, 전화번호는 222-9816입니다. 감사합니다.

김지영 드림

66 사회 · 정서 발달
도와주기 99

 사람은 어른이 되기까지 20년이라는 긴 시간이 필요하다. 가장 큰 포유동물의 하나인 고래도 2년이면 어른 고래로 자라는 것에 비하면 참으로 긴 시간이다. 어른이 되기 위한 준비 기간이 그렇게 긴 이유는 무엇일까?

 아이가 태어나서 자라고 어른이 되는 과정을 심리학에서는 성장 · 발달이라고 한다. 인간의 성장 · 발달은 인간의 능력을 이루고 있는 세 가지의 측면, 즉 신체적, 인지적, 사회 · 정서적 측면으로 나누어 설명할 수 있는데 이 세 가지 측면이 골고루 발달되어야 바람직한 어른으로 성장하며 인간적으로 행복한 삶을 살 수 있다.

 그러나 세 가지 능력 중에 사회 · 정서적 능력은 간과되기 쉽다. 신체적 능력은 눈에 띄는 부분으로 잘못되었을 경우 그 증상이 곧바로 나타난다. 그래서 늘 신경을 쓰고 병원에 가서 치료도 한다. 인지적 능력은 학업에 대한 관심이 높은 우리나라의 경우, 무수히 치르는 시험을 통해 그 결과들이 가시적으로 드러나므로 가장 노력을 기울이는 부분이다. 그런데 사회·정서적 능력은 어떤가? 가시적으로 드러나지도 않고 잘못된 부분의 증상 또한 쉽게 눈에 띄지 않는다. 주의 깊게 살펴보지 않으면 알 수 없으므로 작은 문제들이 쌓여 돌이킬 수 없는 커다란 문제로 맞닥뜨리게 되는 것이다.

물론 두말할 필요도 없이 인간의 이 세 가지 능력은 골고루 발달해야 한다. 그러나 그 중에서도 특히 중요한 것을 꼽으라면 사회·정서적 능력이라 할 수 있다. 신체적으로나 인지적으로 약간의 문제가 있다고 해도 사회·정서적 능력이 원만하게 발달되어 있다면 인간으로 행복한 삶을 누릴 수 있기 때문이다. 스티븐 호킹 교수는 심각한 뇌성마비로 인한 신체장애임에도 불구하고 활발한 연구를 할 수 있는 정서적 지원을 받았다. 그 덕분에 신체적 장애를 넘어서서 누구보다도 적극적인 삶을 살게 되었다. 인지적 능력이 정상인에 비해 떨어지는 다운증후군을 가진 사람도 사회·정서적 발달에 문제가 없다면, 기본적인 기술을 습득하여 다른 사람들과 더불어 행복한 삶을 살아갈 수 있다. 이에 비해 심심치 않게 일어나는 학원 범죄 사건이나 이민 사회에서 벌어지는 끔찍한 총기 사건의 경우, 사회·정서적 발달이 미숙하거나 부모나 친구, 주변의 다른 사람들로부터 충분한 사회·정서적 지원을 받지 못했기 때문인 것으로 분석되고 있다.

사회·정서적 능력의 발달에는 세 가지가 포함되어 있다. 자존감(Self-Esteem)의 발달, 감정(Emotion)의 발달, 사회적 능력(Social Competence)의 발달이 그것이다.

아이들의 사회·정서적 발달은 많은 부분이 부모에 의해서 영향을 받는다. 부모가 신경을 쓰고 적절한 모델을 보여주며 이끌어 주는 것에 의해 결정된다. 아이를 기르는데 있어 키를 더 자라게 하기 위해 보약을 먹이는 것도 중요하고, 공부를 더 잘하게 하기 위해 과외라도 한 가지 더 시키는 것도 중요하다.

그러나 아이의 마음이 구김 없이, 상처받지 않고 늘 밝게 활짝 펴져 있도록 해 주는 것이 더 중요하다. 미소 지을 수 있는 마음을 가진 아이들은 웬만한 어려움도 견디어 내며 자기 자신을 누구보다도 행복한 사람으로 만들 수 있고, 나아가 이 세상을 따뜻한 세상으로 만들 수 있기 때문이다.

자존감이란? 자신에 대한 긍정적 평가이다. 자신을 소중하고, 능력 있으며, 사회에 기여할 수 있는 중요한 사람이라 여기는 것이다. 자만심이 아닌 자존감은 건강한 성인으로 사회를 살아가는데 꼭 필요하다. 아이의 자존감을 키워주려면 기본적 욕구를 만족하게 해 주고 사랑해 주어야 한다. 아이의 의견이나 선택을 존중해 주고, 성공에 대한 만족감을 경험할 수 있게 해 주고, 아이의 노력을 인정하고 칭찬해 주어야 한다. 잘못한 일이 있으면 잘못한 사실은 고쳐주되 비난하거나 창피를 주지 않는 것이 중요하다.

감정이란?

세상 모든 것에 대한 느낌이다. 느낌은 보이지 않으나 그 사람의 행동이나 반응을 통해서 나타나므로 감정이 사람의 생각과 행동을 지배한다고 말할 수 있다. 아이가 자라면서 감정은 세분화되어 즐겁고, 화나고, 슬프고, 기쁘고, 무섭고 등등 여러 가지 형태의 감정을 느끼고 표현하게 된다. 감정이 발달한다는 것은 이 처럼 감정이 세분화되는 것뿐 아니라 여러 가지 감정적 능력이 발달하는 것을 의미한다. 자신의 느낌을 표현하는 방법이 다양해지고, 감정을 시기와 장소에 따라 조절할 수 있고, 다른 사람의 감정을 이해하고, 다른 사람의 감정에 적절한 반응을 보이고, 다른 사람과 적절한 감정적 관계를 맺는 능력 등이 발달한다는 뜻이다. 긍정적인 방향으로 감정이 발달되려면 아이의 주변 사람들이 모범을 보여야 한다. 화나는 감정을 적절히 조절하여 표현하지 못하고 화가 날 때마다 물건을 집어던지는 어른들을 보면서 자란 아이는 그렇지 않은 아이에 비해 화가 났을 때 물건을 집어던질 가능성이 많다는 것이다. 부모나 교사, 이웃, 대중매체의 영향으로 아이의 감정이 긍정적으로 발달할 수도 있고 그렇지 않을 수도 있다는 것을 잊지 말아야 한다.

사회적 능력이란?

사회적 능력이란, 인간관계에 있어서의 자신감이다. 사회적 능력이 발달한다는 것은 다른 사람들과의 관계에서 자신의 위치를 파악하고, 어떤 행동이 기대되는지 알고 실천하며, 효과적으로 생활해 나가는데 필요한 방법을 이해하고 실행하는 것이다. 더 나아가 사회의 규칙이나 관습을 알고 따를 수 있는 것을 의미한다. 사회적 능력이 발달하기 위해서는 사회적 지식이나 관습 등을 누군가로부터 배워야 하며, 배운 것을 실천하고 실행해 볼 수 있는 기회를 가져야 한다. 즉 부모나 교사로부터 생활 속의 여러 장면을 통해 자연스럽게 또는 의도적으로 사회적 능력의 발달에 필요한 지식이나 기술을 배우고 실천해 보는 기회를 가질 때 발달되는 것이다.

공립학교Public School 지역 자치단체 단위의 교육청에서 그 지역에 거주하는 주민들이 낸 세금으로 운영하는 학교. 그 지역에 거주하는 미국시민, 영주권자, 그리고 부모가 특정한 비자 (학생비자 : F1 비자, 취업비자 : H1 비자, 교환 프로그램비자 : J1 비자)를 소지한 경우 입학할 수 있고 학비는 무료이다.

대안학교Charter School 지역사회의 특정 단체에서 관리하고 보조하는 대안학교로 공립학교의 일종이다. 그 지역에 거주하는 미국시민, 영주권자, 그리고 특정한 비자를 소지한 경우 입학할 수 있고 학비는 무료이다.

종교부설 사립학교 Religious Private School 가톨릭교회, 루터교회, 침례교회 등의 종교에 부설된 학교이다. 교구에서 재정 지원을 받으므로 그 종교를 믿는 신자의 자녀들에게만 입학을 허가한다. 지역과 학년에 따라 다르나 일년에 3,000달러~5,000달러 정도의 학비를 지불해야 한다.

사립학교Preparatory School 개인이나 비 종교단체에 의해 운영되는 학교이다. 명문대학 진학을 목적으로 학업능력 및 기타 과외활동까지를 포함한 교육과정을 운영하는 명문사립학교가 있는 반면 그렇지 않은 보통의 사립학교들도 많이 있다. 명문사립학교의 경우, 입학과정이 매우 까다로우며 토플 성적과 특정 점수 이상의 학교성적을 요구한다. 입학을 신청하는 시기도 정해져 있어 유학을 시작하고자 하는 시점보다 일년 정도 빨리 학교를 알아보고 필요한 입학절차를 밟아야 한다. 학비는 일년에 25,000~30,000달러 정도로, 대부분 기숙사를 운영하는데 이에 소요되는 비용은 일년에 15,000달러 정도이다. 교과서도 자비로 구입하여야 한다.

가정학교Home School 미국에서는 부모가 아이를 집에서 가르치는 것도 학력으로 인정한다. 단 이 경우, 주에 따라 다르나 몇 년에 한 번씩 교육청에서 실시하는 학력평가에 참여하여 특정 점수 이상을 받아야 학력을 인정한다.

02 Jump mentoring
늦은 등교

아이의 늦은 등교와 부모의 역할

며칠 동안 아이가 열이 나고 아팠다. 당연히 학교를 사흘이나 쉬었는데, 겨우 적응한 학교생활이라 오늘쯤에는 학교에 보내야 겠다는 생각이 들었다. 아침에 깨우러 가니 아프던 끝이라 그런지 아이가 일어나지 못한다. 오늘도 학교에 못 가면 내일부터는 주말 이라 너무 오래 빠지게 되어, 다음 주에 더 힘이 들 것 같았다. 어찌할까 망설이고 있는데 이웃집 할머니께서 전화를 하셨다. 아 들 집에 다녀오는 일주일 동안 우편물을 받아 달라고 부탁하신다. 마침 아이들 안부를 물으셔서 사정을 말씀드리니, 아이를 학교에 조금 늦게 보내라고 하신다. 아침에 조금 더 자게 한 다음 아침 잘 먹여서 조금 늦게 데려다 주면 곧 집으로 오게 되니 몸은 덜 피곤하고, 아이들과 선생님도 만나고 오니 다음 주에 학교에 갔을 때 다시 서먹서먹해지지 않을 거라 하신다. 이곳 부모들은 종종 그러니 걱정하지 말고 편지나 챙겨 보내면 된다는 말씀도 덧붙이 셨다.

미국에서는 며칠 아팠던 후나 전 날 특별히 피곤하여 아침에 몸 상태가 좋지 못한 경우, 또는 아침 일찍 치과 검진을 받아야 하는 경우 등에는 아이를 학교에 늦게 보낼 수 있다. 쉽게 말하면 지각을 하는 것인데, 부모가 지각 사유를 적은 편지를 보내면 지각으로 처리하지 않는다.

한국에서와는 다르게 미국에서는 담임교사가 학생의 결석여부에 관여하지 않는다. 아침에 출석을 부르고 기록만 할 뿐이다. 무단결석이나 지각 등의 여부, 필요한 조치를 결정하는 등 학생을 관리, 지도하는 일은 양호교사나 출석담당 사무직원이 한다. 따라서 출·결석에 관한 일은 양호실이나 출석담당 사무실에 보고해야 한다.

미국에서는 수업시간 중에 아이들이 교실 이외의 다른 곳을 돌아다닐 수 없다. 수업 중에 화장실을 가거나 교사가 심부름을 시키거나 사무실에 가야할 때 등의 경우에는 허가증이 있어야 한다. 허가증 없이 학교를 돌아다니면 수업 무단이탈로 인정하여 징계를 받게 된다. 아이들이 일단 학교에 오면 철저히 책임지고 보호한다는 입장에서 정해진 규칙이다. 따라서 아이가 늦게 등교하는 경우 곧바로 교실로 가서는 안되며, 반드시 출석을 관리하는 양호실이나 출석담당 사무실로 먼저 가서 지각을 보고하고 허가증(Pass)을 받아 교실로 이동해야 한다.

허가증(pass) :
초등학교의 경우는 담임교사의 친필 사인이 있는 허가증, 중·고등학교의 경우는 수업 담당교사의 친필 사인이 있는 허가증이 있어야 한다. 양호교사나 출석담당 사무직원도 허가증을 발급할 수 있다.

아파서 늦게 등교할 때

October 10, 2006

To whom it may concern

Please excuse the tardiness of my daughter, Hana Kim, who is in 7th grade. She has had sore throat since last night and was not feeling well this morning. Thank you for your concern.

Sincerely,
Ji-Young Kim

담당자님께

7학년에 재학 중인 김하나를 오늘 아침 학교에 늦게 보냄을 알려 드립니다. 하나가 어젯밤에 목이 조금 부었었는데 오늘 아침에도 몸이 좋지 않았습니다. 감사합니다.

김지영 드림

병원에 들렀다 학교에 가야할 때

October 10, 2006

To whom it may concern

Please excuse the tardiness of my daughter, Hana Kim, who is in 7th grade. She had an orthodontist's appointment this morning. Thank you for your concern.

Sincerely,
Ji-Young Kim

담당자님께

7학년에 재학 중인 김하나를 오늘 아침 학교에 늦게 보냄을 알려 드립니다. 하나가 오늘 아침 치과에 교정치료 약속이 있었습니다. 감사합니다.

김지영 드림

WAKE-UP!

아이를 학교에 늦게 보낼 때 잊지 말아야할 것!

1 무단지각이 아님을 알린다.
아이가 지각했다는 사실을 부모가 알고 있다는 것을 학교에 알린다. 그렇지 않으면 학교에서는 무단지각으로 간주한다. 중·고등학교에서는 몇 번 이상 무단지각이 되면 징계 대상이 된다.

2 가능한 방법이 무엇인가?
방법 하나, 부모가 아이를 데리고 함께 학교에 간다. 방법 둘, 부모가 친필 사인한 지각 사유가 적힌 편지를 아이와 함께 보낸다.

3 편지를 함께 보낼 경우
편지에 아이의 이름, 학년, 반 번호, 날짜, 지각의 사유를 자세하게 적는다.

4 부모가 함께 갈 경우
양호실이나 출석담당 사무실에 지각을 보고한다.

아이를 조퇴나 외출시킬 때
지켜야할 규칙 혹은 예의

집안에 일이 있어서 아이가 하교시간보다 일찍 집으로 돌아와야
했던 때가 있었다. 시간에 맞춰 아이를 데리러 학교로 갔다. 내가
직접 데리러 가면 무리 없이 아이를 데리고 나올 수 있으리라 생
각했다. 그러나 내 생각은 빗나갔다. 아이를 그냥 데리고 나올 수
있는 것이 아니었다. 예정에 없이 발생한 급한 경우가 아니라면
아침 등교 시에 미리 학교에 조퇴계획을 알리는 편지를 보내야 한
다는 것이다. 교장선생님에게 직접 사정 이야기를 하고 내 신분을
확인한 후 겨우 아이를 데리고 올 수 있었다. 미리 알고 있었다면
이런 실수는 하지 않았을 것이다. 미국학교의 규칙을 마음대로 가
정하고 행동해서는 안 될 것 같다는 생각이 들었다.

미국에서는 학교에서 아이를 일찍 데리고 나올 때는 미리 그 사실을
학교에 알려야 한다. 한국에서는 부모가 학교에 가기만 하면 바로 데리
고 나올 수 있지만 미국학교에서는 그렇게 간단하지가 않다.

수업 도중에 학교에서 나오려면 허가증이 있어야 한다. 앞에서도 말했듯이 미국에서는 허가증 없이 학교 안을 마음대로 돌아다니지 못하기 때문이다. 수업이 진행되는 도중에 복도를 통해 양호실까지 와서 부모를 만나 학교 밖으로 나와야하므로 허가증을 미리 받아놓아야 한다. 따라서 일찍 하교하는 날에는 아침에 등교하면서 허가증을 받아 두어야 한다. 평소보다 조금 일찍 등교하여 양호실이나 출석담당 사무실에 가서 부모의 친필 사인이 있는 편지를 제출하고 허가증을 받으면 된다.

…일찍 하교하게 되었습니다. 12시에 엄마가 학교앞으로 데리러 갈 것이고…

허가증을 받기 위한 편지에 써야할 내용

1 정해진 하교시간보다 일찍 하교 해야 하는 이유를 쓴다.

2 초등학교와 중학교의 경우에는 몇 시에 누가 아이를 데리러 온다는 내용을 쓴다.

3 고등학생의 경우에는 몇 시에 보내달라는 내용만 쓴다.

초등학생과 중학생의 경우 약속된 시간에 데리러 가기로 한 사람이 양호실이나 출석담당 사무실로 가서 사인을 하고 아이를 데리고 올 수 있다.
⇒ 정해진 사람이 아닌 다른 사람이 데리러 갈 경우 유괴의 가능성이 있어 학교에서 아이를 보내주지 않는다.

고등학생의 경우 정해진 시간에 학교 밖에서 기다리고 있다가 아이가 나오면 데리고 올 수 있다.

치과의사와의 약속으로 조퇴 해야 할 때

October 10, 2006

To whom it may concern,

Please dismiss my son, Michael Kim, who is in 9th grade, earlier at 12:45PM today. He has a dentist's appointment at 1:15 PM. I will pick him up at 12:45PM. Thank you for your concern.

Sincerely,
Ji-Young Kim

담당자님께

9학년에 재학 중인 김 마이클을 오늘 12시 45분에 하교시켜주기를 부탁합니다. 마이클이 오후 1시 15분에 치과에 검진을 받아야 합니다. 제가 12시 45분에 데리러 가겠습니다. 감사합니다.

김지영 드림

집안에 일이 있어서 조퇴 해야 할 때

October 10, 2006

To whom it may concern,

Please dismiss my son, Michael Kim, who is in 9th grade, earlier at 12:00PM today. We have family plans this afternoon. I will pick him up at noon. Thank you for your concern.

Sincerely,
Ji-Young Kim

담당자님께

오늘 오후에 집안에 일이 있어 9학년에 재학 중인 김 마이클을 12시에 하교시켜주기를 부탁합니다. 제가 12시에 데리러 가겠습니다. 감사합니다.

김지영 드림

의사와 약속이 있어 학교에서 외출 해야 할 때

October 10, 2006

To whom it may concern,

My son, Michael Kim, who is in 9th grade, has a doctor's appointment at 10:30AM. Please excuse my son for his appointment today. I will pick him up at 10:00AM and bring him back as soon as possible. Thank you for your concern.

Sincerely, Ji-Young Kim

담당자님께

오늘 오전 10시 30분에 의사와의 약속이 있어 9학년에 재학 중인 김 마이클이 잠깐 다녀오도록 외출을 허락해 주시기를 부탁합니다. 제가 12시에 데리러 가서 끝나는 대로 다시 학교에 데려다 주겠습니다. 감사합니다.

김지영 드림

수업 중에 잠시 나왔다 가야할 때

1 아침에 등교하면서 부모의 친필 사인이 있는 편지를 양호실이나 출석담당 사무실에 제출하고 허가증을 받는다.

2 편지에는 수업 중에 외출 해야 하는 이유와 몇 시에 나왔다가 몇 시에 돌아올 예정인지를 쓴다.

3 예정보다 지체되어 늦어질 경우에는 부모가 양호실이나 출석담당 사무실에 전화로 그 이유를 알린다.

초등학생과 중학생의 경우 정해진 시간에 정해진 사람이 데리러 가서 사인을 한 후 아이를 데리고 나오고, 일이 끝난 후에는 반드시 다시 학교까지 데려다 주어야 한다.

고등학생의 경우 학교 앞에서 기다리고 있다가 데리고 가고, 일이 끝나면 다시 학교에 데려다 준다.

수업 중에 아이에게 말을 전하고 싶을 때

Secretary: Washington Middle School, Babara speaking. May I help you?

Mother: Hi, Barbara, This is Ji-young, Hana's mom in 7th grade. How are you doing?

Secretary: Oh, hi. I am good. How about you?

Mother: Fine, thank you. I would like to leave a message to Hana about her ride back home. Usually, she rides the school bus back home, but today I'll have to pick her up. Could you tell her not to take the bus today but to wait until I come to pick her up where I usually drop her off in the morning?

Secretary: No problem. Could you spell her last name?

Mother: K, I, M as in Mary. She is in seventh grade.

Secretary: Okay, I'll tell her right away to not ride the bus, but you will pick her up right after school, where you usually drop her off.

Mother: Thank you so much.

Secretary: No problem. Have a good day.

Mother: You, too.

직원: 워싱턴중학교의 바바라입니다. 도와드릴까요?

엄마: 바바라, 안녕하세요? 7학년인 하나의 엄마, 지영이에요. 잘 지내셨어요?

직원: 아, 안녕하세요? 저는 잘 지내요. 잘 지내시죠?

엄마: 네, 고마워요. 하나에게 집에 올 때의 ride 때문에 메시지를 남기고 싶어서요. 보통은 하나가 학교버스를 타고 집에 오는데 오늘은 제가 데리러 가려고요. 학교 끝난 후 제가 아침에 데려 다 준 곳에서 기다리라고 말씀 좀 해 주시겠어요?

직원: 그러지요. 하나의 성이 무엇이었지요?

엄마: K, I, M, 김이에요. 7학년이고요.

직원: 알았어요. 하나에게 학교 끝난 후 엄마가 아침에 데려다 준 곳에서 기다리라고 말하지요.

엄마: 고마워요.

직원: 천만에요. 좋은 하루 되세요.

엄마: 좋은 하루 되세요.

I would like to leave a message to Hana about her ride back home. Usually, she rides the school bus back home, but today I'll have to pick her up.

수업 중에 아이에게 말을 전하고 싶을 때

1 미국에서는 학교에서 아이들의 휴대전화 사용을 금지하고 있으므로 학교 사무실로 전화를 걸어 부탁해야 한다.

2 아이의 학년과 이름을 말하고, 전하고 싶은 메시지가 있다고 한다.

3 전하고자 하는 메시지 내용을 말하고, 아이에게 전달되어야 할 시간을 말한다.

> 부모의 연락을 받은 사무직원은 메시지를 전달해야 할 시간에 아이가 어디 있는지 컴퓨터를 통해 찾는다. 아이가 있는 교실로 전화를 걸어 담당 교사를 통하거나, 교실에 연결된 스피커를 통해 메시지를 전달한다.

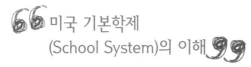

미국 기본학제 (School System)의 이해

미국 대부분의 주에서는 유치원부터 고등학교 까지의 교육이 의무교육으로 이루어지고 있다. 각 주나 지역에 따라 조금씩 다르지만 아이들의 발달적 특징을 고려하여 의무교육과정을 4단계로 나누는 경향이 늘어나고 있다.

1단계 | Elementary School 초등학교
유치원 1학년~3학년

2단계 | Upper Elementary School 초등학교
고학년을 위한 초등학교 4학년~6학년

3단계 | Middle School 중학교
7학년~8학년

4단계 | High School 고등학교
9학년~12학년

※ 2002년 조지 부시 대통령이 '낙오아동방지법'에 서명한 이래로 각 학교에서는 주정부에서 개발한 교육과정을 따르고 있다.
※ 주정부의 교육국 사이트(Department of Education)에 들어가 교육과정(Curriculum Standards)을 찾아 클릭하면 그 주에서 지양하는 교육과정 내용을 볼 수 있다.

미국에서의 교육방법

초등학교 하교 후 교실

[초등학교]

- 초등학교 1학년부터 6학년까지 종일제 수업을 한다. 대개 오전 8시 30분에서 9시경부터 시작하여 오후 3시 30분에서 4시경에 끝난다.

- 보통 한 명의 교사가 18~22명의 아이들을 가르친다.

- 학교에 따라 유아기 교육 및 유치원 과정이 종일제로 운영되는 곳도 있고 반일제로 운영되는 곳도 있다. 종일제로 운영되는 경우 어린 아이들도 학교에서 점심을 먹는다.

- 예능과목은 예능담당 전문교사가 가르치므로 예능과목교실이나 체육관에서 수업을 받는다.

- 점심시간에는 놀이시간Recess도 포함되어 있는데, 대부분의 학교에서는 아주 나쁜 날씨를 제외하고는 이 시간

동안 아이들을 바깥 놀이터에서 놀게 한다. 일기가 허락하는 한 적어도 하루에 한번 바깥 놀이를 하게 하는 것이 대부분의 주에서 법으로 정해져 있다

- 초등학교 저학년부터 "세계 언어"라 하여 외국어 교육과목이 포함된다.

- 초등학교 저학년의 경우 2년 동안 담임을 연임하는 연임제^{Looping system}를 채택한 학교도 있다.

> 교사가 연임할 경우 아이들의 특징을 잘 알고 있어 효율적으로 가르칠 수 있고, 정서적으로도 아이들과 이미 친밀한 관계를 맺고 있어 학습에 도움이 된다는 점에서 채택된 방법이다. 그러나 학생의 사정에 따라 학년 말에 아이의 담임을 바꿔 달라는 요구를 할 수 있다.

- 초등학교 4학년 때 대부분의 주에서 초등학교 학력평가
Elementary School Proficiency Assessment를 실시한다.

> 학력평가의 결과를 전국의 같은 학년 아이들과 비교하여 필요하다고 판단되는 학생에게는 보충수업을 제공한다.

방과 후 중학교 과학교실

[중학교]

• 보통 오전 7시 45분경 수업이 시작하고 오후 2시 45분경에 끝난다.

• 한 학년 중 두 학기 모두 수업을 듣는 과목

  영어, 수학, 사회, 과학, 체육 · 건강, 세계 언어

• 한 학년 중 한 학기만 수업을 듣는 과목

  컴퓨터, 음악, 미술, 가정 · 기술

• 아이들이 교사의 교실을 찾아가 수업을 받는다.

  일단 자기반(Home Room)에 모여 교사가 출석을 점검하고 알림 사항을 전달 받은 후 자기 수업이 있는 교실로 이동한다.

• 출석은 수업시간마다 과목 담당교사가 점검한다.

  학교에 왔는데 수업에 들어가지 않으면 수업 무단이탈로 벌을 받게 된다.

- 마지막 수업이 끝나면 자기 반에 가지 않고 바로 집으로 간다.

- 복도에 있는 개인사물함을 지정해준다.

  > 사물함에 코트와 책가방을 두고 필요한 책만 가지고 교실로 간다. 학교 안에서는 가방을 들고 다닐 수 없다.

- 영어와 수학에 한해서 아이의 능력에 따라 반편성을 한다.

  > 초급(Basic)반, 보통(On Level)반, 우수(Honors)반으로 나누어 수업을 하는 학교가 많다.

- 수업과 수업 사이에는 쉬는 시간이 없고, 다른 교실로 이동하는데 필요한 매우 짧은 시간만 주어진다.

  > 화장실에 가고 싶은 경우 우선 교실로 옮겨간 후 교사에게 허가증을 받아 가거나 자율학습시간, 점심시간 등을 이용해 가야 한다.

- 시간표는 한 주 단위가 아니라 6~7일 주기로 되어 있다. 따라서 같은 요일이라도 주에 따라 듣는 과목이 같지 않다.

- 전체 학생들을 4~5그룹으로 나누어 각 그룹별로 시간표를 짜므로 소속되는 그룹에 따라 시간표가 다르다.

  > 점심시간도 그룹에 따라 다른데 11시부터 12시 30분에 걸쳐 점심시간이 배치된다.

- 초등학교와 마찬가지로 점심시간 이후 20분 정도의 휴식시간에는 모두 바깥 운동장에 나가야 한다. 학생들을 안전하게 보호하고 관리하기 위해서 이 시간 동안에는 특별

히 허가를 받은 경우를 제외하고는 건물 내부에 남아 있지 못한다. 바깥 운동장에는 이 시간 동안 아이들을 관리하는 교사가 배치되어 있다.

- 중학교 8학년 때 주에서 실시하는 중학교 학력평가$^{GEPA:}$ Grade Eight Proficiency Assessment를 본다.

> 이 시험 결과로 고등학교 입학자격을 판정한다. 이 시험에 통과하지 못하면 한 번의 재시험을 볼 수 있다. 그래도 통과하지 못하면 고등학교에 진학하지 못하고 유급된다.

[고등학교]

- 보통 오전 7시 30분경에 수업이 시작해서 2시경에 수업이 끝난다. 기본적으로 중학교와 일정이 비슷하나 점심시간 이후 20분의 휴식시간이 없다.

- 각 학년을 대학교의 경우와 같이 Freshmen(1학년), Sophomore(2학년), Junior(3학년), Senior(4학년)이라고 한다.

- 초급대학처럼 다양한 과목들이 몇 개의 영역으로 나누어져 있고 각 영역에는 필수 및 선택과목이 포함되어 있다. 각 영역에는 졸업을 위한 이수학점이 정해져 있어, 4년 과정 동안 영역별로 필수과목을 포함하여 이수학점에 해당하는 만큼의 과목들을 이수해야 한다.

- 필요한 과목들을 빠짐없이 이수하도록 도와주기 위해 상담교사들이 매 학년마다 개개 학생들의 과목 선택을 지도한다.

- 영어, 수학, 과학, 사회 과목은 개개 학생의 능력에 따라 기초Fundamental반, 초급Basic반, 보통On Level반, 우수Honors반, 대학생Advanced Placement반으로 나누어 수강한다.

- 고등학교 졸업 후 대학에 진학하지 않는 학생들을 위해 다양한 과목들이 선택영역으로 제공되어 취업준비를 도와준다.

- 고등학교 11학년에는 주에서 실시하는 고등학교 학력평가시험HSPA: High School Proficiency Assessment을 본다.

> 통과하지 못하면 고등학교 졸업장을 받지 못한다.

- 졸업식 때도 대학생처럼 사각모를 쓰고 가운을 입는다.

> 미국에서는 고등학교 졸업과 함께 대개 만 18세가 되고, 성인으로 간주되므로 고등학교 졸업에 큰 의미를 둔다.

학교 건물의 출입문과 학교의 방문

중학교 출입문

고등학교 출입문

미국학교에는 출입문이 많다. 그리고 학년에 따라 등교 시 다른 출입문을 이용하게 하기도 한다. 학생들이 모두 다 등교하고 난 후 곧 바로 이 모든 출입문들을 잠근다. 이는 외부인의 무단출입을 막아서 학생들을 보호하고, 학생들의 무단이탈을 방지하기 위한 것이다.

주 출입문에는 초인종과 인터폰이 설치되어 있으며 방문객들은 이를 이용해야만 학교 안으로 들어올 수 있다. 즉 방문객이 초인종을 누르고 기다리면 학교 사무실에서 인터폰으로 방문객을 확인한 후 자동으로 문을 열어 준다. 따라서 부모가 학교를 방문하는 경우 학교의 주 출입문을 찾아 초인종을 누르고, 인터폰으로 누구이며 왜 왔는지를 말하고 열어 줄 때까지 기다려야 한다. 모든 방문객들은 반드시 Main

Office에 들러 방문의 목적, 건물에 들어온 시간, 방문 교실 번호를 기록부에 적고 방문객 허가증을 받아야 한다. 또 방문이 끝난 후에도 Main Office에 들러 방문이 끝나 돌아가는 시간을 적고 허가증을 돌려주어야 한다.

임시휴교

일기가 나쁘면 해당 교육청에서 등교시간을 늦추거나 임시휴교를 결정한다. 이 사실은 학교 홈페이지와 공중파 방송사 뉴스에서 확인할 수 있다.

> 뉴스에서 알려줄 경우에는 방송국에 따라 학교 이름 대신에 학교 비상번호(Emergency Code)만 말하는 경우가 있다. 따라서 보통 세 자리 숫자인 학교 비상번호를 미리 알고 있어야 한다. 비상번호는 학교 홈페이지에서 확인할 수 있다.

- 등교시간은 대개 2시간 늦춰지고 이를 Two Hours Delay라 한다. 등교시간이 2시간 늦춰지더라도 끝나는 시간은 보통 때와 같다. 또 등교시간이 늦추어지면 아침에 들었던 수업이 빠지는 것이 아니라 각 수업시간이 40분에서 25분으로 단축되어 진행되므로 그날 계획된 모든 수업을 듣게 된다.

- 등교시간이 늦추어 지면 등교버스 운영시간도 정확히 그만큼 늦어지나 하교버스의 운영시간은 보통 때와 같다.

- 휴교가 되면 그 날에 계획되었던 수업들은 빠지는 것이 아니라 휴교가 해제되는 날 이어서 듣게 된다.

• 교사들이 장학지도를 받는 날이나 연수교육을 받는 날에는 휴교를 하거나 반나절 수업만 한다. 이러한 내용은 학교 달력에 표시되어 있으므로 학년 초에 우편으로 보내오는 시간표와 학교 달력을 잘 보관하여 참고하여야 한다.

징계

미국에서는 아이들의 훈육을 학교장이나 교감이 담당한다. 문제를 일으키는 아이에게 교사가 한두 번 정도 주의를 준 후 같은 행동이 지속되면 교장실로 연락을 한다. 그러면 교장선생님이 반으로 와서 문제의 아이를 교장실로 데리고 가서 훈육한다. 미국학교에서는 절대로 아이를 체벌하지 않는다. 교사가 아이에게 주는 벌은 방과 후 징계, 토요일 징계, 정학 등이 있다.

방과 후 징계 (Office Detention)
방과 후에 한 시간 동안 학교의 지정된 교실에 남아 조용히 앉아 있어야 한다.

토요일 징계 (Saturday Detention)
토요일 아침 일찍 학교에 가서 3시간 정도를 지정된 교실에서 공부하거나 조용히 앉아 있어야 한다.

정학 (Suspension)
일정 기간 동안 학교에 오지 못하는 것으로 이 징계는 학적부에 기록이 된다.

모든 종류의 징계는 부모에게 통보한다.

우리나라의 미덕이
미국에서는 아동학대?

아이가 감기에 걸렸다. 밤새 끙끙 앓는 아이를 간호하면서 내일 등교할 수 있을지 걱정이 되었다. 아침이 되자 아이는 열도 내려가고 기침도 나아졌다. 아직 적응 기간이라 학교를 빠지면 좋지 않을 것 같아 아이를 달래서 학교에 보냈다. 그러나 내 판단은 잘못 된 것이었다. 아이가 학교에 간 지 한 시간도 안 되어 전화가 온 것이다. 아이가 아직 열이 있고 아프니 가능한 빨리 와서 데리고 가라는 내용이었다. 부랴부랴 학교로 달려갔다. 아픈 아이는 푹 쉬게 해야 되며 절대로 다 낫기 전에는 학교에 보내지 말라는 양호실 간호사의 당부를 여러 번 듣고 아이를 집으로 데리고 왔다.

우리나라에서는 아이가 아파도 가능하면 결석을 하지 않는 것을 미덕으로 여기지만 미국에서는 그렇지 않다. 아이가 아픈데도 학교에 보내면 아이가 학대를 받는다거나 방임 당한다고 오해를 받게 된다. 또 아픈 아이가 다른 아이들에게 병균을 옮겨줄 수 있다는 이유로 전염성이 있는 감기 등으로 아픈 아이들은 학교에 오지 않도록 권장하고 있다. 그러나 무턱대고 오랫동안 결석해도 된다는 것은 아니다. 한국에서와 마찬가지로 미국에서도 결석을 너무 오래하면 학년이 올라가거나 졸업하는데 문제가 될 수 있으므로 주의해야 한다. 이는 고학년으로 갈수록 중요한 문제가 된다. 결석한 날이 학교에서 허용하는 범위를 넘어갈 경우 출석위원회에 회부되어 복잡한 심사를 받은 후에야 진급이나 졸업이 가능하게 된다. 그러나 질병치료를 위해서나 상을 당한 경우, 학생활동에 참여하기 위하여 발생한 결석은 예외로 간주된다 (이런 경우 필요한 증빙서류를 제출해야 한다).

결석을 해야 하는 날

1 당일 아침에 부모가 양호실이나 출석담당 사무실에 전화하여 아이의 결석 사실을 알린다.
부모가 알리지 않을 경우 무단결석으로 처리되어 징계를 받을 수 있다.

2 아이가 다 나아 학교에 갈 때 부모가 편지를 써서 아이가 결석했던 사실을 양호실이나 출석담당 사무실에 알린다.

3 아파서 병원에 간 경우에는 의사의 소견서(Doctor's Note)를 함께 제출한다.
진찰 소견서는 주치의에게 써달라고 한다.

고등학생의 경우 출석일 수

1 한 학년 내내 들어야 하는 과목인 경우
주마다 차이가 있을 수 있으나 대부분의 주에서는 총 180일의 수업일 수 중 170일 이상을 출석하도록 정하고 있다.

2 한 학기만 들으면 되는 과목인 경우
주마다 차이가 있을 수 있으나 대부분의 주에서는 90일의 수업일 수 중 85일 이상을 출석하도록 정하고 있다.

3 1/2 학기만 들으면 되는 과목인 경우
주마다 차이가 있을 수 있으나 대부분의 주에서는 45일 수업일 수 중 43일 이상을 출석하도록 정하고 있다.

전화로 결석을 알릴 때

Nurse (Or secretary in the attendance office): Nurse's Office. May I help you?

Mother: Yes. I would like to report my son (daughter)'s absence today.

Nurse (Or secretary in the attendance office): Okay, could you give me his (her) name, grade, and homeroom number?

Mother: His name is Michael Kim and he is in 9th grade. His homeroom number is A12.

Nurse (Or secretary in the attendance office): All right. What's the reason for absence?

Mother: He does not feel good since yesterday. He has sore throat, fever, and runny nose this morning. So I would like to keep him home today.

Nurse (Or secretary in the attendance office): Okay, Mrs. Kim. I hope he feels better soon.

Mother: Thank you.

Nurse (Or secretary in the attendance office): When you send him back, please send us your note, too.

Mother: I will. Bye.

Nurse (Or secretary in the attendance office): Bye.

She does not feel good since yesterday. She has sore throat, fever, and runny nose this morning. So I would like to keep her home today.

간호사: (또는 출석담당 사무실의 직원): 양호실입니다. 도와드릴까요?

엄 마: 네, 제 아들(딸)의 결석을 보고하려고 합니다.

간호사: (또는 출석담당 사무실의 직원): 이름과 학년, 홈룸 번호를 주시겠습니까?

엄 마: 이름은 김 마이클이고 9학년입니다. 홈룸 번호는 A12입니다.

간호사: (또는 출석담당 사무실의 직원): 그러면 결석하는 이유는 무엇입니까?

엄 마: 어제부터 조금 아팠어요. 오늘 아침에는 목이 조금 부었고 열이 있고 콧물을 흘리네요. 오늘은 집에서 쉬도록 했으면 해요.

간호사: (또는 출석담당 사무실의 직원): 그렇군요. 마이클이 빨리 낫기를 바랍니다.

엄 마: 감사합니다.

간호사: (또는 출석담당 사무실의 직원): 마이클을 학교 보낼 때 결석 확인 노트도 함께 보내주세요.

엄 마: 그러겠습니다. 안녕히 계세요.

간호사: (또는 출석담당 사무실의 직원): 안녕히 계세요.

학교의 자동응답기로 결석 사실을 알리는 방법

Hello. I am mother of Michael Kim, in 9th grade. I would like to report my son's absence today, November 13th. He hasn't been feeling well since last night and still has a sore throat, fever, and runny nose. So, I would like to keep him home until he gets better. His homeroom number is A12. Thank you for your concern and have a nice day.

여보세요. 저는 9학년에 재학 중인 김 마이클의 엄마입니다. 오늘 11월 13일, 저희 아들의 결석을 보고합니다. 어제 저녁부터 아팠는데 오늘 아침에는 목이 조금 부었고 열이 나고 콧물을 흘립니다. 나아질 때까지 집에서 쉬게 하려고 합니다. 홈룸 번호는 A12입니다. 감사합니다. 좋은 하루 되십시오.

결석 후 보내는 편지

November 15. 2006

To whom it may concern,

Please excuse absence of my son, Michael Kim in 9th grade, on November 13th and 14th. He had a fever, sore throat and body ache due to severe cold. I have attached a doctor's note. Thank you for your time and concern.

Sincerely,
Ji-Young Kim

저의 아들 김 마이클이 11월 13일과 14일에 한 결석을 면제해주시기 바랍니다. 마이클이 열이 나고 목과 몸이 많이 아파 학교에 갈 수 없었습니다. 의사선생님의 진료확인서를 함께 보냅니다. 감사합니다.

고등학교 출석 관리사무실

A-103
ATTENDANCE OFFICE

GUIDANCE OFFICE

사무직원 근무
메인 오피스

교장, 교감실

Hello.
I am mother of
Michael Kim, in 9th grade.
I would like to report
my son's absence today,
November 13th.

66 교과서(Textbook)의 사용 99

중 · 고등학교 도서관

    미국의 학교에서 교과서를 사용하는 체제는 한국과 다르다. 미국에서는 개개 학생에게 학기 초에 교과서를 빌려주고 학년이 끝날 때 교과서를 돌려받는다. 그 교과서는 진급한 다음 학년의 학생이 사용하여야 하므로 깨끗하게 사용하도록 관리하고 지도한다. 만약 학생이 교과서를 잃어버리거나 훼손하였을 경우 학교에 배상해야 한다.

교과서 사용법

- 대부분의 학교에서는 개학 첫 날 학생들에게 교과서를 나누어준다. 학생들은 책을 받았을 때 찢어진 페이지나 낙서가 된 부분, 접어진 표시가 있는 부분 등을 꼼꼼히 체크하고 기록하여 교사에게 제출하여야 한다.

- 교과서에는 그 해에 사용하는 아이의 이름을 적을 수 있는 칸이 마련되어 있다. 학생들은 해당되는 칸에 자기의 이름과 사용 연도를 쓴다.

- 모든 교과서는 반드시 커버를 씌워서 사용하도록 되어 있다. 커버는 Book Sock이라 부르며 학용품 전문점이나 일반 대형 마트에서 책 크기 별로 살 수 있다.

- 책을 사용하는 동안 밑줄을 긋거나 보충 설명을 적거나 얼룩이 생기게 하거나 접어서도 안 된다.

  꼭 필요한 부분은 그 페이지를 복사해서 사용할 수 있다. (책 전체를 복사하는 것은 금지되어 있으므로 주의한다.)

- 꼭 필요한 경우 중고 교과서를 구입하는 것도 효과적이다.

  아마존(http://www.amazon.com)이나 반스&노블스(http://www.barnesandnoble.com)를 통해서 구입할 수 있다.

학교에서 교사의 배려와 관심을
받게 된다면 아이는 새로운 환경에
더 빨리 적응하게 된다.

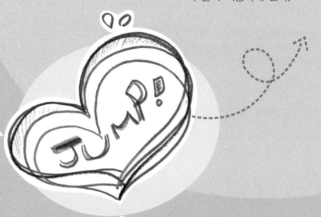

School Jump 학교 점프

01 Jump mentoring 관심

02 Jump mentoring 숙제

03 Jump mentoring 과외

04 Jump mentoring 시험

01 Jump mentoring
관심

교사의 관심이
아이의 적응을 도와준다

학교버스에서 내리는 아이의 얼굴이 또 시무룩하다. 오늘은 어땠
냐고 물어보던 말도 꺼내지 못할 만큼. "우리 아들 오늘도 영어로
공부하고 오느라고 애 많이 썼다. 엄마가 떡볶이 해 두었는데 먹
자." 내가 먼저 너스레를 떨었다. 한참 후 조금 기분이 나아졌는지
아이가 말문을 열기 시작했다.

수학시간에 자기는 벌써 문제를 다 풀었는데 선생님이 문제 다
푼 사람 손들어 보라는 말을 알아듣지 못해 손을 못 들었다고 했
다. 수학이라면 누구보다 잘 할 수 있는데, 단지 말을 못 알아들어
손을 들지 못한 것이 너무 속이 상해 울 뻔 했다는 것이다. 하지만
이제 괜찮다고, 빨리 말 배워서 보란듯이 잘해 보일 거라며 오히려
나를 안심시켰다. 그랬구나, 얼마나 속이 상했을까. 말이 모자라 모
르고 지나가는 것은 그렇다고 하더라도 자기가 다 아는 것도 미처
안다고 말하지 못했으니 속이 상할 만했다. 나라도 선생님께 전화
를 해서 그거 우리 아이가 다 알고 있었다고 말하고 싶었다.

교사가 내 아이에게 더 많은 관심을 가져주기를 바라는 것은 부모라면 누구나 다 마찬가지일 것이다. 문화가 다른 미국학교로 아이를 유학시킨 부모의 입장이라면 그 바람은 더 커진다. 어른이건 아이이건 새로운 환경에 적응하기는 쉽지 않다. 다른 사람의 배려와 관심이 없다면 더욱 어렵다. 학교에서 영향력을 가지고 있는 교사의 배려와 관심을 받게 된다면 아이는 큰 힘을 얻게 된다. 다른 아이들에게 해가 되지 않는 범위에서 조금만이라도 특별한 배려를 받는다면 아이는 새로운 환경에 더 빨리 적응하게 된다.

일반적으로 미국의 교사들은 문화적 배경이 다른 나라에서 온 아이들에게 관심을 가져준다. 교사 교육과정에 그러한 훈련이 있다. 유학 온 아이들의 작은 발전에도 크게 칭찬해 주고, 언어로 의사소통이 잘 안 되는 경우 여러 가지 방법을 동원해 아이와 의사소통을 하려고 노력한다. 그러나 교사들이 모든 나라의 문화에 대해 잘 알지 못하므로 경우에 따라 부모가 적극적으로 문화적 차이를 설명하는 것이 필요하다. 교사에게 관심을 부탁하기도 하고 문제가 없는지도 물어보아야 하며, 동시에 가정에서도 미국과 한국간의 문화나 예절 등의 차이를 설명해 주고 적절한 교육을 해야 한다.

예를 들어 대부분의 한국에서 온 아이들이 경험하는 문제가 수업시간에 자발적으로 발표를 하지 않는다는 것이다. 자발적인 발표를 중요시하는 미국교육의 관점에서 보면 한국 아이들의 이러한 태도는 문제가 될 수 있다. 부모가 아이에게 미국의 경우 한국과 수업방식이 다르다는 것을 설명하고, 가능한 적극적으로 수업에 참여해야 한다는 것을 알려주는 것도 필요하다.

수업시간에 주의할 점

1 수업시간에 교사의 질문이 떨어지면 적극적으로 손을 들고 답을 발표하겠다는 의사표명을 해야 한다.
아이가 소극적일 경우 미국의 교사는 아이가 답을 모르거나 수업에 적극적으로 참여하려는 의지가 없다고 판단한다.

2 미국의 학교에서는 성적을 줄 때 수업에 참여하는 태도가 높은 비율로 반영된다. 수업에 적극적으로 참여하지 않을 경우 시험을 잘 보아도 낮은 성적을 받게 된다.

교사의 도움을 받자

1 아이가 언어적인 문제, 부끄러움이 많은 성격 문제, 또는 늘 그렇게 하지 않았기 때문에 등의 이유로 발표를 적극적으로 하지 못할 수 있음을 교사에게 알린다.

2 교사에게 우리나라의 문화적 특성을 설명하고, 수업방식의 차이를 설명한다.

3 아이와 개별적인 대화를 해달라고 교사에게 부탁한다.

4 아이가 손을 들지 않아도 교사가 발표의 기회를 주어 미국의 수업방식에 익숙해지도록 해달라고 부탁한다.

미국의 공립학교에
전학수속을
밟을 때 준비해야
하는 서류

아이가 시민권을 가지고 있거나 부모가 이민을 오는 경우, 또는 부모가 학생비자(F1 비자)나 취업비자 (H1 비자), 교환 프로그램비자 (J1 비자)를 소지한 경우 아이의 공립학교 입학이 가능하다. 이를 제외한 경우에는 아이를 사립학교에 보내야 한다.

1 졸업이나 학년의 수료, 또는 재학 중임을 증명하는 서류
한글본과 영문번역본 (공증필요), 학년을 정할 때 교육청에서 요구한다.

2 주민등록등본 한글본과 영문번역본 (공증필요)
미국에서는 많은 경우 출생증명서(Birth Certificate)를 보여 줄 것을 요구한다. 한국에서는 이런 증명서가 없으므로 대신 아이의 이름과 생일이 명기된 주민등록등본 원본과 공증을 받은 영문번역본을 준비해오면 필요할 때 복사를 해서 쓰면 된다.

3 예방접종증명서
태어나서 지금까지 받은 모든 종류의 예방접종에 관한 기록과 이를 증명하는 의사의 친필 사인이나 도장이 찍힌 영문 서류가 반드시 필요하다. 학교에 이 서류를 제출해야 하는데 만약 예방접종의 기록이 없으면 학교에서 요구하는 모든 종류의 예방접종을 다시 해야 한다. 아이가 어려서부터 다닌 소아과 병원의 의사에게 부탁하면 모든 기록을 쉽게 찾을 수 있고 바로 영문증명서를 만들어주므로 가장 좋다. 아기수첩의 기록은 인정하지 않는다.

4 여권 및 비자 사본
부모와 아이의 여권과 비자 부분을 복사해서 제출한다. 미국에서 태어난 아이라면 출생증명서나 시민권 사본을 제출한다.

5 거주 증명 서류
공립학교에 보낼 경우 부모나 보호자 (Guardian)가 그 동네에 거주한다는 몇 가지의 증명서 사본을 제출해야 한다 (학교에 따라 3가지를 요구하는 경우도 있고 5가지 서류를 가지고 오도록 요구하는 경우도 있다). 대개 부모나 보호자의 운전면허증 사본, 전기세나 세금·전화요금 영수증, 은행에서 받은 집 주소가 명기된 서류 등을 복사하여 제출한다. 단 이런 영수증이 부모나 보호자의 이름으로 된 것이어야 한다.

교사의 관심을 부탁하는 편지

September 27, 2006

Dear Mrs. Schleider,

How are you doing?

I would like to ask for your special attention for my son, Michael Kim. He probably does not volunteer to join in class discussions in your class much. This is because of our cultural background. In Korea, teachers usually teach without asking questions or having discussions with the students; therefore, the students do not really become accustomed to speak during the class period. Because of this, my son may have a more passive attitude than an active one. I do know that students are encouraged to participate in class and contribute during class discussions in America. However, since Michael is not accustomed to do so, it is most likely that he will not voluntarily participate in the class discussions.

So, I would appreciate it if you give him some attention in a range where it will not hurt the education of the other students. For instance, ask him questions in private and spend some time with him individually. If you do this for some time, then he will feel more comfortable with you and speaking in class; thus he will begin to speak voluntarily. This will help him tremendously with learning English as well as being a good contributor during class discussions.

Thank you so much for your time and concern. Have a nice day.

Sincerely,
Ji-Young Kim

This will help him tremendously with learning English as well as being a good contributor during class discussions

슐레이더 선생님,

안녕하십니까?

저희 아들에 관해 드릴 말씀이 있어 편지를 드립니다. 이제까지 몸담아 왔던 한국문화의 특징에 익숙해져 있으므로 아마 마이클이 수업시간에 자진해서 토의에 참가하는 경우가 거의 없을 줄로 압니다. 한국에서는 수업시간에 선생님이 강의를 하고, 학생들이 토의를 하는 시간이 많지 않습니다. 따라서 학생들이 수업시간에 자진해서 이야기하는데 익숙하지 않습니다. 이 때문에 마이클이 수업 중 토의 시간에 적극적으로 참여하지 않을지 모르겠습니다. 제가 알기로 미국학교에서는 수업시간에 학생들 스스로 토의하는 시간을 주고 학생들이 스스로 토의에 참여하도록 격려하는 것 같습니다. 하지만 마이클은 그런 점에 익숙하지 않아 아마 수업시간에 참여하지 않는 것으로 보일 수도 있습니다.

그래서 혹시 다른 아이들에게 영향을 주지 않는다면 선생님께서 마이클에게 이런 면에서 조금 더 신경을 써 주셨으면 합니다. 예를 들면 우선 마이클이 익숙해질 때까지 가능하면 여러 아이들 앞에서가 아니라 개별적으로 질문을 해 주신다든지, 개별적인 상호작용을 해주시거나 하면 아마 선생님과의 관계가 편안해지고 다른 아이들 앞에서 이야기하는 것도 익숙해질 것 같습니다. 선생님께서 도와주시면 마이클이 빨리 영어에 익숙해질 수 있을 것 같고 수업시간에 다른 아이들 앞에서도 곧 자신 있게 이야기할 수 있게 될 것 같습니다.

감사합니다. 좋은 하루 되시기 바랍니다.

김지영 드림

아이의 숙제, 도움이 필요하다

한참 저녁을 준비하고 있는데 아이가 걱정스런 얼굴로 들어왔다. 수학숙제를 해야 하는데 교과서를 학교 사물함에 두고 안 가져 왔다는 것이었다. 시계를 보았을 때는 이미 5시 20분. 얼른 아이를 데리고 학교로 갔지만 학교 문은 굳게 잠겨있었고 사무실에 연결되어 있는 벨을 눌러도 아무런 대답이 없었다. 이곳엔 숙직이 없으니 당연한 일이었다. 아이의 얼굴을 쳐다보니 말이 아니었다. 속상함 반 걱정 반이 섞인 그야말로 불쌍한 얼굴로 나를 쳐다보는 아이에게 선생님께 사정을 말씀드리면 이해해 주실 거라고 다독였다. "친구 전화번호라도 알면 전화해서 빌려 보기라도 하련만…" 하고 혼잣말로 중얼거렸다. 그 소리에 아이의 눈에 갑자기 생기가 돌면서, 자기가 두 명의 친구 전화번호를 가지고 있다고 했다. 기대도 하지 않았는데. 처음 학교 간 지 얼마 되지 않았을 때, 잘해주는 친구가 있으면 전화번호를 받아두라 했더니 아마 받아 둔 모양이었다. 그 전화번호 덕분에 아이는 친구의 책을 한국이나 미국이나 학교에서는 아이들에게 숙제를 내준다. 학교에서 숙제를 내주는 이유는 크게 세 가지로 설명된다. 하나는 학교에서 배운 내용을 스스로 복습할 수 있는 숙제를 주어 그 내용을 완전히 이해할 수 있는 기회를 주는 것이다. 둘째는 학교에서 배운 내용과 관계되는 것을 공부하게 함으로써 학교에서 다 가르칠 수 없는 다양한 경험을 해볼 수 있도록 하기 위함이다. 마지막으로 숙제를 하는 과정을 통해 아이들이 하기 싫은 일도 필요한 경우에는 꼭 해야 한다는 것을 배우고 또 책임감을 길러주기 위한 것이다.

이렇게 중요한 숙제를 못해가는 경우가 생긴다. 한국과 다른 수업방식 때문이기도 하지만 영어를 몰라서 숙제가 무엇인지 이해하지 못한 경우 등 여러 가지 이유가 있다. 미국 교과과정의 특징이 3학년까지는 내용이 쉽지만 4학년부터는 어려워진다. 따라서 부모나 누군가가 숙제를 도와주는 것이 필요하다. 대부분의 학교에서는 아이들에게 주간생활계획표Planner에 매일 숙제를 기록하게 하므로 부모가 아이와 함께 주간생활계획표를 점검하고 숙제를 도와주는 것이 좋다. 이때에는 모든 숙제를 부모가 대신해주는 것보다는 아이와 상의해서 아이가 어려움을 느끼는 것이 무엇인지 파악하고, 꼭 필요한 도움만을 주어 아이가 스스로 할 수 있다는 자존감을 잃지 않게 하는 것이 중요하다.

숙제가 무엇인지 모를 경우

1 친구에게 물어보거나 교사의 홈페이지에서 확인한다.

2 Home Work Hot Line이 있는 경우
학교에 전화를 걸어 학년 별 또는 담당교사 별로 그날의 숙제가 녹음되어 있어 언제라도 들을 수 있다.

숙제할 때 도움을 주는 적절한 방법

1 수학의 경우
각 장의 주요개념을 이해한 후 수식으로 된 문제와 응용문제를 풀 수 있어야 한다.

> 수식으로 된 문제 : 문제의 개념을 알게 하면 아이 스스로 쉽게 풀 수 있다.
> 말로 된 응용문제 : 영어가 부족해 문제의 내용을 모를 경우 아이와 함께 문제를 읽고 문제에서 요구하는 답을 찾을 수 있는 방법을 파악한 후 수식을 적용해 계산하도록 도와준다.

2 영어, 사회, 과학의 경우
아이와 함께 교과서를 읽고 그 내용을 한국말로 설명을 해주어 숙제를 하는데 필요한 지식을 갖게 한다. 교과서에서 찾은 내용에다 아이의 생각을 더하여 한국말로 답을 만들어 보게 한 다음 이를 영어로 옮기도록 한다.

3 무엇보다 중요한 것은 아이가 "나도 할 수 있는데 영어가 부족해서 어려움이 있을 뿐이다"라고 생각하게 하여 자존감을 잃지 않게 하는 것이다.

부모가 도움을 줄 수 없는 경우

1 한국인이 많이 모여 사는 곳이라면 학원이나 한국인 선생님을 찾아 과외수업을 받는다.

2 영어를 잘하는 한국 아이나 ESL 교사의 도움을 받는다.

숙제를 못해갈 경우 부모의 역할

1 아이가 숙제가 무엇인지 모른다거나 못 알아들어 적어오지 못했다거나 교과서를 가져오지 않았다는 등 숙제를 못해가는 이유를 편지로 써서 교사에게 보낸다. ⇒ 부모의 친필 사인이 있는 편지를 받으면 사유를 인정하고 숙제를 내는 기한을 연기해주거나 다른 숙제를 주는 등의 조치를 취해준다.

2 아이가 익숙해질 때까지 교사가 학교에서 숙제를 챙길 수 있도록 도와달라는 부탁을 한다.

유학 첫 학기가 중요하다

유학 초기에 숙제를 도와주지 않으면 수업시간에 교사가 하는 말이 무엇인지 잘 모르게 되고 그 결과 영어를 배우는 것도 쉽지 않게 된다. 더구나 아이가 '나는 영어를 잘 모르니까 잘못해도 된다'고 생각하게 되면 다음에 영어를 잘하게 된 후에도 그 생각을 고치기 어렵다. 그러므로 첫 학기에 부모나 주위 사람의 도움을 받아서라도 최선을 다해 영어를 배우면서 동시에 교과공부도 해내야 한다. 이렇게 한 학기를 도와주면 그 다음 학기부터는 아이 혼자서 숙제를 해갈 수 있게 된다.

영어를 알아듣지 못해 숙제를 못해갈 때

October 4, 2006

Dear Mrs. Davis,

How are you doing? Hana was unaware of the fact that there was homework last night, because she did not understand you saying that there was. I knew this because Mrs. Brown, Linda's mom, told me this afternoon at super market. I will have her do the homework tonight if you can give her one more day to complete the assignment. We would appreciate this a lot. Have a nice day.

Sincerely
Ji-Young Kim

데이비스 선생님,

안녕하십니까? 하나가 아직 영어를 잘 이해하지 못해 어제 선생님께서 내주신 숙제가 있다는 것을 알지 못해 숙제를 못했습니다. 저도 오늘 오후에 시장에서 린다의 엄마인 브라운 부인이 말을 해주어 알았습니다. 혹시 선생님께서 하루의 시간을 더 주셔서 하나가 오늘 그 숙제를 하도록 해주신다면 정말 감사하겠습니다. 좋은 하루 되시기 바랍니다.

김지영 드림

집안에 일이 있어 숙제를 못해갈 때

October 4, 2006

Dear Mrs. Davis,

How are you doing? Hana was not able to complete the assignment last night due to family emergency. We would appreciate it if you can give her another day to complete the assignment. Have a nice day.

Sincerely
Ji-Young Kim

데이비스 선생님,

안녕하십니까? 저희 집에 일이 있어 어제 하나가 숙제를 하지 못했습니다. 선생님께서 하루의 시간을 더 주셔서 하나가 오늘 그 숙제를 하도록 해주신다면 정말 감사하겠습니다. 좋은 하루 되시기 바랍니다.

김지영 드림

아이가 아파서 숙제를 못해갈 때

October 4, 2006

Dear Mrs. Davis,

How are you doing? Hana was not able to complete the homework last night because she was not feeling well. She had a fever of over 100°F and sore throat. We would appreciate it if you give her another chance to complete the assignment when she gets better. Have a nice day.

Sincerely
Ji-Young Kim

데이비스 선생님,

안녕하십니까? 하나가 어제 저녁 많이 아파 숙제를 하지 못했습니다. 열이 100°F 넘게 나고 편도선이 부었습니다. 혹시 하나가 나은 후 그 숙제를 해서 내도록 한 번 더 기회를 주신다면 정말 감사하겠습니다. 좋은 하루 되시기 바랍니다.

김지영 드림

부족한 영어,
과외교사의 도움으로

아이가 몇 학년 때에 미국에 가는 것이 좋은지에 대해서는 한국에서도 많은 이야기를 들었다. 가능한 빨리, 초등학교 저학년에 가야한다고 주장하는 사람도 있었고, 영어뿐 아니라 대부분의 교과목에 대해 한국말로 두루 공부하고 난 후인 중3 정도에 가는 것이 더 낫다고 하는 사람도 있었다. 그러나 아이의 사정에만 맞출 수는 없어 6학년을 막 마친 아이를 데리고 왔다. 그러고 보니 한국에서 잠깐 학원은 다녔지만 체계적으로 영어를 배우지 않은 상황이다. 과학이나 사회 등 교과목의 내용도 만만치 않아 그냥 막연히 아이가 영어를 배우게 될 날만 기다릴 수는 없다는 생각이 들었다. 우선 영어를 먼저 배워야 할 것 같아서 아이에게 영어를 가르쳐줄 수 있는 선생님을 찾기로 결정했다. 그런데 한국도 아니고 어디서 좋은 선생님을 찾아야 할지 막막했다.

한국에서 아무리 영어공부를 열심히 했어도, 막상 미국에서 학교를 다니려면 정도의 차이는 있지만 영어의 문제가 따르기 마련이다. 더구나 미국에서 생활은 하지만 가족들이 집안에서 한국말을 하거나 한국 TV를 즐겨본다면 아이가 영어를 접하는 기회가 적어지므로 많은 시간이 흘러도 영어에 대한 문제는 해결되지 않는다.

대부분 미국학교에서는 영어가 제1언어가 아닌 학생을 위해 ESL(English as a Second Language) 라는 영어교육 프로그램을 마련해 놓고 있다. 그러나 이것만으로는 영어 문제가 해결되지 않는 경우가 많다. 이런 경우 방과 후에 영어를 체계적으로 배운다면 조금 더 빨리 영어 문제를 해결하게 되고 다른 과목에 대한 이해도 쉬워진다. 여러 가지 이유로 부모가 아이의 공부를 직접 도와줄 수 없는 경우, 과외교사를 구해 아이의 공부를 도와주는 것도 현명한 방법이다.

과외교사를 구하고 싶다면

 교사나 상담교사와 면담을 한 후 필요하다고 판단이 되면 과외교사 추천의뢰를 할 수 있다. ⇒ 어떤 과목에서 어떤 도움을 받을 수 있는 교사를 원하는지 정확하게 설명한다.

과외교사는 어떤 분이 좋을까?

1 학교마다 확보하고 있는 임시교사(정규직 교사가 결근을 하는 경우 그 반이나 과목을 임시로 가르치는 교사)나 비정규직 교사(주로 ESL등의 특수과목을 가르치는 교사)를 추천 받는다.

2 과외수업을 받는 기간이 방학 중이라면 현직교사에게도 과외를 받을 수 있다.

3 학교를 퇴직한 교사들도 아이에게 좋은 과외교사가 된다.

과외비는 얼마?

지역과 학년, 교사의 경력에 따라 다르지만 대학원을 졸업한 교사가 집으로 와서 가르쳐주는 경우 한 시간에 초등학생 : $30.00~$40.00, 중·고등학생 : $50.00~$60.00 정도를 주어야 한다.

과외비 지급방법

과외교사에 따라 2주에 한 번, 또는 한 달에 한 번 등으로 지급해주기를 원할 수 있다.

현금을 원하거나 개인수표를 원하는 등 다른 지급방법을 원할 수 있으므로 미리 의논해서 정하는 것이 좋다.

부모의 역할

아이가 특별히 도움을 필요로 하는 영역을 과외교사에게 미리 이야기한다.

과외교사의 전문성을 믿고 교사의 영역을 침범하는 내용을 요구하지 않는다.

아이에게 효율적인 지도가 되도록 지속적인 대화로 아이에 대한 의견을 나눈다.

December 6, 2006

Dear Mrs. Matthews,

Mrs. Anderson referred me that you will be able to tutor reading and writing for my daughter, Becky Kim. As you might hear from Mrs. Anderson, Becky came to this country about one year ago. She completed ESL classes for the past one year. However, since reading and writing are getting more difficult in 5th grade, we thought it might help Becky a lot if she can get extra assistance from a tutor. We thought it would be the best if the tutor can visit our house once or twice a week, and staying for about one hour for each visit. If possible, we would like to meet with you and talk about the details of tutoring. Please give us a few times when you are convenient to meet with us so that we can pick the time when we are available. Thank you for your time and interest.

Sincerely,
Ji-Young Kim

매튜씨께

앤더슨 선생님께서 저에게 선생님을 저의 딸 베키의 과외 교사로 추천해 주셨습니다. 아마도 앤더슨 선생님께 들으셨겠지만 베키는 이 나라에 일년쯤 전에 왔습니다. 베키는 ESL 수업들을 이미 일년 동안 들었습니다. 그런데 읽기와 쓰기가 5학년이 되면 더 어려워 진다고 하여 선생님께 도움을 부탁 드리게 되었습니다. 저희에게 가장 좋은 방법은 선생님이 저희 집에 일주일에 두 번 와서, 한 번에 한 시간씩 가르쳐 주는 것입니다. 가능하다면 과외를 시작하기 전에 만나 자세한 얘기를 하면 좋겠 습니다. 선생님께서 저희와 만날 수 있는 가능한 시간들을 주시면 저희의 스케줄을 보고 다시 연락 드리겠습니다. 감사합니다.

김 지영 드림

학교 상담교사에게 과외교사를 추천받고 싶을 때

December 6, 2006

Dear Mrs. Anderson,

As you mentioned at the parent conference, I think that Becky needs extra help on reading and writing. However, we have almost no idea where to find a tutor or to whom to ask about this. We would appreciate it if you help us to find a qualified tutor for Becky's reading and writing. Thank you for your concern. Have a nice weekend.

Sincerely,
Ji-Young Kim

앤더슨 선생님께,

선생님께서 제안하신 대로 베키가 읽기와 쓰기에 도움이 필요한 것 같습니다. 그런데 저희는 어떻게 과외선생님을 알아보아야 할지, 또 어디에 물어보아야 하는지를 잘 모릅니다. 혹시 선생님께서 좋은 과외선생님을 찾을 수 있도록 도와주신다면 정말 감사하겠습니다. 좋은 주말 보내세요.

김지영 드림

고등학교 교실

초등학교 교실

We thought it would be the best if the tutor can visit our house once or twice a week, and staying for about one hour for each visit. If possible, we would like to meet with you and talk about the details of tutoring.

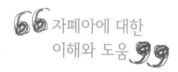

자폐아에 대한 이해와 도움

통합교육에서 가장 많이 볼 수 있는 유형의 장애아동은 자폐아이다. 자폐증은 대뇌에 이상이 있어 정보를 받아들이거나 처리하고, 신체의 다른 부분으로 전달하는 방법에 문제가 있는 것이다. 언어 발달이 늦거나 문제가 있고, 사회성 발달이 지체되며, 다른 사람들과의 의사소통이나 교류에 크게 문제를 나타내는 장애현상을 말한다. 자폐증은 남자아이에게 더 많이 나타난다. 발달의 특징상 2세 경까지는 거의 파악되기 어려우나 점차 언어 발달의 지체 및 결함, 부모와의 관계형성 및 의사소통의 문제, 놀이행동의 문제 등이 강하게 나타남으로써 유아기에 그 증상이 확인된다. 자폐증은 완치할 수 없으나 2~3세 경에 발견하여 집중치료 및 교육을 실시하면, 아이가 유치원에 갈 나이쯤에는 거의 정상아동과 구분할 수 없을 만큼 증상이 완화된다. 따라서 부모는 아이의 발달을 유심히 살펴보고 이상한 증상이 보이면 빨리 전문가의 진단을 받게 해야 한다.

아이가 자폐증이라는 진단을 받게 되면 교사와 부모는 아이의 특징을 이해하여 올바른 방법으로 도와주고 가르쳐야 한다. 또 정상적인 다른 아이들이 자폐아를 이해하고 도와주도록 교육하는 것도 중요하다. 사회는 모든 구성원이 함께 더불어 살아가는 곳이기 때문이다. 미국의 학교에서는 어려서부터 통합교육을 통하여 정상적인 아이들이 장애를 가진 아이들을 이해하고 함께 살아가는 방법을 배우도록 하고 있다.

자폐아의 발달적 특징

1. 정상인보다 듣는능력이 뛰어나다.

보통사람들이 듣지 못하는 소리도 들을 수 있다. 같은 소리라도 보통사람이 듣는 것보다 훨씬 큰소리로 들리므로 이러한 소리에 의해서 방해를 받거나 자극을 받아 여러 가지의 발작증상을 일으킨다. 발작증상이란 갑자기 분노를 표출하거나, 같은 행동을 되풀이하는 반복행동을 보이는 것을 말하는데 여기에는 손 뒤집기, 전기스위치 껐다 켰다 하기, 물건 돌리기, 변기 물 반복해서 내리기, 문 열었다 닫았다 하기, 연필로 책상 반복해서 치기, 손뼉치기, 몸 흔들기, 이상한 소리 만들어 반복하기, 비명 지르기, 울기, 자기에게 이야기하기, 남의 말 따라하기, 같은 말 반복하기, 머리를 벽에 부딪히기 등이 포함된다.

● 대처방법

가능한 한 일상생활에서 필요없는 소음을 줄인다. 만약 위험하지 않은 발작증상을 보이면 크게 관심을 보이지 않는 것이 좋다. 오히려 그 발작증상을 이용하여 다른 활동을 할 수 있게 유도하는 것이 좋다. 예를 들어 몸을 흔들기 시작했다면 "그래, 우리 같이 이렇게 몸을 움직여 보자"라고 말하며 아이의 몸 흔들기를 따라하다가 서서히 다른 동작으로 바꾸어 아이도 따라하도록 유도한다.

2. 기억력이 뛰어나다.

특정한 자극을 기억하는 능력이 뛰어나다. 주변의 아주 사소하거나 작은 일들까지 주의 깊게 보아 보통사람들이 지나치기 쉬운 세세한 것들을 잘 알아내고 기억한다. 물건이 제자리에 그대로 놓여 있지 않다는 것도 금방 알아차린다. 소리 듣기와 마찬가지로 오히려 이런 능력에 스스로가 압도되어 여러 가지 발작증상을 일으킨다.

●대처방법

아이의 물건은 늘 있는 곳에 두는 것이 좋다.

3. 새로운 것, 놀라운 것을 좋아하지 않는다.

늘 있는 그대로인 환경에서 가장 편안함을 느끼며, 만약 예고 없이 환경이 바뀌면 불안해하고 한쪽 구석으로 가서 온종일 꼼짝하지 않거나 여러 가지 발작증상을 보인다.

●대처방법

가급적 환경을 바꾸지 말고 일상생활도 늘 하던 대로 한다. 특별한 일을 해야 하는 경우 아이를 주인공으로 하여 그 일에 대한 이야기책을 만들어 하루에 몇 번씩 보여주어, 아이가 익숙해지도록 한 다음 그 특별한 일을 경험하게 한다. 예를 들어 함께 살지 않는 할머니 할아버지가 며칠 간 다녀가시기로 되어 있다면 아이의 사진과 할머니, 할아버지의 사진들을 이용하여 아이가 할머니 할아버지와 함께 생활하는 장면들을 연출한 7~8쪽 정도의 이야기책을 만든다. 그리고 이 책을 할머니 할아버지가 오시기 전 며칠 동안 아이에게 하루에 몇 번이고 보여준다. 그러면 아이는 자기와 할머니, 할아버지의 사진이 들어 있는 이야기책을 미리 봄으로써 실제 할머니 할아버지가 와서 함께 생활하게 되었을 때 그것을 새로운 것으로 느끼지 않게 되므로 새로운 환경에 잘 적응하게 된다.

4. 정상인 아이들처럼 놀지 못한다.

상상력의 발달이 제한되어 있어 상상력을 요구하는 놀이를 못한다. 그러나 퍼즐 맞추기, 계산놀이 등의 사실적인 놀이나 신체운동 등은 보통사람들 못지않게 잘한다. 또한 사회성 발달의 결함으로 차례 지키기나 양보하기 등을 거의 할 수 없는 것이 다른 아이들처럼 놀지 못하는 중요한 원인이다.

●대처방법

아이가 즐기는 놀이를 하도록 해준다. 만약 다른 아이들과 놀 수 있는 기회가 있다면 지켜야 할 규칙을 몇 번이고 상기시켜주어 지킬 수 있도록 도와준다.

5. 언어 발달에 결함이 있거나 지체되는 현상을 보인다.

자폐증이 있는 아이들은 말을 할 때 단어들을 필요한 때에 생각해내지 못할 뿐 아니라 어떤 단어가 적절한 단어인지 모르는 경우가 많다. 따라서 아예 말을 잘 안 하거나, 아주 드물게 말을 하다가 문제가 생기면 같은 단어를 반복해서 말한다든지, 상대방의 말을 계속해서 되풀이 하는 등의 행동을 보인다. 경우에 따라 발작증상을 보이기도 한다.

●대처방법

이야기를 하다가 적절한 단어를 찾지 못하면 "네가 이런 말을 하려고 하는구나"라고 하며 단어를 알려준다. 또 무슨 말을 하려고 하는지 알겠다고 말해주는 것도 좋은 방법이다.

6. 융통성 있게 사고하지 못한다.

보거나 듣는 것, 경험하는 것을 그대로 받아들이거나 믿는다. 특히 언어의 이해에서도 같은 식으로 생각하므로 여러 가지 뜻으로 사용되는 단어를 이해하기 어렵다. 특히 반어법은 전혀 이해하지 못한다. 예를 들어 일을 잘하지 못했을 때 남들이 "자알한다"라고 말하면 보통사람들은 그것이 칭찬의 말이 아니라는 것을 알지만, 자폐증이 있는 아이들은 이 말을 말 그대로 "잘(good)했다"라고 알아듣는다. 이러한 문제로 말미암아 다른 사람들과의 의사소통에 잦은 문제가 생기고, 이로 인해 크게 좌절하고 마음 상해하며 심한 경우 역시 발작증상을 보인다.

● 대처방법

아이와 이야기를 할 때는 의미가 정확한 말만 사용하고 다른 뜻으로 이해될 수도 있는 말은 가급적 사용을 삼간다. 또 이 야기한 후 반드시 이해를 했는지 되물어보고 필요한 경우 반 복해준다.

7. 비언어적 의사소통 방법을 이해하지 못한다.

보통사람들이 흔히 대화를 할 때 사용하거나 나타내는 표 정의 변화, 손짓이나 몸짓의 의미를 이해하지 못하고 사용하 지도 못한다. 그리고 흔히 말하는 분위기 파악을 하지 못하 여 상황에 맞지 않거나 해서는 안 되는 말과 행동도 서슴없 이 한다. 그러다가 다른 사람의 반응이 자신이 기대했던 것 과 다르면 역시 마음이 크게 상하거나 좌절감을 느끼고 혼자 있으려 하거나 심한 경우 발작증상을 보인다.

● 대처방법

아이와 이야기할 때 가능한 한 그림을 함께 사용하여 이야기 한다. 구체적인 그림은 대부분의 자폐아들의 정확한 이해를 돕는 매체가 된다.

8. 다른 사람과의 피부접촉을 정상인과 다르게 받아들인다.

자폐증이 있는 아이들은 촉각이 아주 예민하게 발달했거나, 아니면 굉장히 둔하게 발달되어 있다. 중간 정도가 없고 이 둘 중의 하나라서 전자의 경우에 해당되는 아이들은 스치기만 해도 아파한다. 또 후자에 해당되는 아이들은 위험할만큼 차가운 것이나 뜨거운 것, 눌러지는 것 등에도 아무런 반응을 보이지 않는 때가 많다. 어떤 경우든 결국에는 고통을 느끼게 되어 발작증상을 보인다.

●대처방법

접촉이 필요한 경우 아이에게 반드시 먼저 물어 본다 (머리를 만져봐도 되겠는지, 손을 잡아도 되겠는지 등). 만약 아이가 싫다고 하면 절대 만지지 않는 것이 좋다. 그리고 아이가 위험한 것을 만지지 않도록 항상 지켜보아야 한다.

9. 많은 것들을 정상인과는 다르게 생각한다.

개인의 소유물에 대해 이해하지 못한다든지, 위험한 것이나 장소를 인식하지 못하는 것, 원인과 결과를 관계지어 생각하지 못하는 것 등 여러 가지 측면에서 정상적인 사람과는 다른 관점에서 생각한다. 그러나 어떤 영역에서는 보통사람들보다 훨씬 뛰어난 능력을 보이기도 한다

●대처방법

아이가 일으킬 수 있는 문제를 미리 예견하여 위험의 소지를
미리 제거하고 늘 아이를 지켜보는 것이 중요하다.

10. 그 밖의 특징

근육이나 신체조절기능 발달이 늦는다든지, 일반적인 주의
집중력이 떨어진다든지, 집단에서 쉽게 이탈하여 여기저기를
돌아다닌다든지, 늘 공격적이고 거친 행동을 보인다든지, 자
신을 학대하는 행동을 하는 등의 특징이 있다.

●대처방법

늘 곁에서 아이를 지켜보아야 한다. 만약 자신을 학대하는 행
동을 보이면 곧바로 그 행동을 멈추게 하고, 아이를 다른 조
용하고 안전한 곳으로 데리고 가서 진정하게 한다. 주의를 집
중하지 않을 때는 소리가 나는 장난감이나 방울 등을 흔들거
나 눈앞에서 손을 빨리 흔들어 보이거나 무릎을 치거나 하여
주의를 환기시킬 수 있다.

04 Jump mentoring
시험

피해갈 수 없지만
미룰 수 있는 시험

　　　세계 어느 나라를 가도 시험 없는 학교는 없다고 해도 과언이 아니다. 학생에게 있어 시험은 피할 수 없는 산인 것이다. 공부를 잘하는 아이나 못하는 아이나 시험은 늘 부담스럽다. 그렇다 보니 시험날이 되면 머리가 아프다거나 배가 아프다고 하는 아이들도 있다. 그래도 시험은 피해갈 수 없다. 정한 날에 못 보면 나중에라도 보아야 하는 것은 한국이나 미국이나 마찬가지다. 우리 아이도 감기 때문에 시험을 볼 수 없었을 때 선생님께 미리 말씀드리고 다 나은 후 자율학습시간에 혼자서 시험을 보았다. 물론 처음에는 이렇게 할 수 있다는 것을 모르고 아픈 아이를 시험 치러 억지로 보낸 적이 있었다. 그날 열이 나 상기된 얼굴로 돌아온 아이의 말이, 선생님이 "다음에는 아프면 선생님께 미리 이야기하고 다 나은 후에 시험을 보아도 된다."라고 말했다는 것이다. 그 다음부터는 아픈 아이를 시험 보러 억지로 보내지 않았다.

한국에서는 한 주에 한 번, 한 달에 한 번 등의 정한 날짜에 모든 학생들이 동시에 시험을 본다. 그러나 미국에서는 과목담당교사의 계획에 따라 시험을 보는 날짜나 방식이 각각 다르다. 뿐만 아니라 만약 시험을 보는 날 아이가 아프다거나 특별한 사정이 있어 시험을 못 보게 되는 경우, 모두가 인정할 수 있는 타당한 이유가 있다면 아무런 조건 없이 다른 날 시험을 볼 수 있게 해 준다.

미국의 시험일정

 과목담당교사들이 자신의 교육계획에 따라 시험날짜를 잡는다.

 교과서의 한 장 또는 연관된 몇 장이 끝날 때마다 시험을 보거나 Pop Quiz 라고 부르는 수시시험을 본다.

 고등학생의 경우 중간고사나 학기말 고사를 보는 학교도 있지만 이 시험 결과가 성적에 반영되는 비율은 평소 과목담당교사들이 주는 시험 결과보다 낮다.

시험일정은 어떻게 알게 될까

1 과목담당교사가 한 학기 동안의 일정을 학기 초에 알려주거나 한 주 내지 3~4일 정도 이전에 알려준다.

2 교사 홈페이지를 이용해 시험날짜를 미리 공시한다.

3 부모의 이메일 주소로 시험날짜를 알려준다.

4 수시시험은 수업시간에 갑자기 보거나 하루 전에 알려주고 본다.

제날짜에 시험을 볼 수 없을 때 부모의 역할

1 집안의 특별한 사정이 있는 날이 시험날짜와 겹치는 경우 미리 교사에게 편지를 보낸다. ⇒ 시험을 보지 못하는 사유를 자세히 쓰고 부모의 친필 사인을 한다.

2 시험 보는 날 아침에 갑자기 아파서 시험을 볼 수 없게 된 경우에는 전화나 이메일로 사정을 알린다.

시험을 제날에 못 볼 때

October 18, 2006

Dear Mr. Watson,

My son, Michael, had a severe food virus since Monday afternoon. He has not been able to eat or drink. Our family doctor suggested keeping him home until he gets better. Thus, he was absent today and would not be able to attend school tomorrow. However, he is worrying about the chapter test planned for tomorrow. I would appreciate it if you allow my son to take test after he is able to come back. Thank you so much for your understanding. Have a nice day.

Sincerely,
Minho Kim

왓슨 선생님,

마이클이 월요일부터 식중독으로 배가 아프고 잘 먹지 못하고 있습니다. 의사선생님께서 나아질 때까지 학교에 보내지 말라고 하셔서 오늘 결석을 했고, 내일도 학교에 가지 못할 것 같습니다. 그런데 마이클이 내일 선생님 과목에서 보는 시험에 대해 많이 걱정하고 있습니다. 혹시 내일 시험을 못 보는 경우 마이클이 나은 후에라도 시험을 볼 수 있게 해주신다면 정말 감사하겠습니다. 이해해주셔서 감사합니다. 좋은 하루 되십시오.

김민호 드림

My son, Michael, had a severe food virus since Monday afternoon.
I would appreciate it if you allow my son to take test after he is able to come back.

66 아이의 특징 찾아 길러주기 99

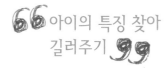

하버드대학 심리학과 교수인 하워드 가드너는 모든 사람에게는 최소한 여덟 가지의 인지능력이 있다고 했다. 언어적 지능Verbal · Linguistic Intelligence, 논리 · 수학적 지능Logical · Mathematical Intelligence, 시각적 · 공간적 지능 Visual · Spatial Intelligence, 신체적 · 촉각적 지능Bodily · Kinesthetic Intelligence, 음악적 지능 (Musical Intelligence), 사회적 지능Interpersonal Intelligence, 자의적 지능Intrapersonal Intelligence, 그리고 자연적 지능Natural Intelligence이다.

Music Art

이 여덟 가지의 지능은 사람에 따라 각각 다르게 나타난다. 즉 어떤 사람은 언어적 지능이 뛰어나고, 어떤 사람은 음악적 지능이 뛰어나며, 또 어떤 사람은 논리·수학적 지능과 자연적 지능이 함께 뛰어난 경우가 있다. 어떤 유전적 요인을 갖고 태어나 어떤 환경에서 자라왔는지에 따라 각각 다른 종류의 지능이 특히 더 발달된다는 것이다.

가드너의 다중지능이론은 미국대학의 교사교육과정에서 예비교사들에게 반드시 가르치는 내용 중의 하나이다. 그리고 초·중·고등학교에서도 이 이론을 실제에 적용하고자 교사들이 다방면으로 노력을 하고 있다. 아이에게 특정유형의 지능이 다른 것들보다 더 많이 발달되었다는 것은 다른 아이들보다 그쪽으로 더 능력이 있다는 것을 의미하는 동시에, 그런 방법이나 활동을 통해 더 잘 배울 수 있다는 것을 의미하기도 한다. 따라서 부모나 교사는 아이를 잘 관찰하여 아이가 어떤 것을 다른 것에 비해 더 쉽게 또는 더 잘 할 수 있는지, 어떤 방법을 통해 배울 때 가장 효율적으로 배울 수 있게 되는지, 또 아이에게 모자라는 능력은 무엇인지를 찾아내고 이에 적절한 교육을 제공할 수 있어야 한다.

우리 아이의 특성을 찾아주는 체크 포인트!

언어적 지능이 높은 아이의 특성

☑ 이야기를 하거나 농담하는 것을 즐긴다.

☐ 일상생활에서 보는 것들을 쉽게 잘 기억한다.

☐ 말로 하는 게임을 다른 것보다 더 좋아한다.

☐ 책 읽기를 좋아한다.

☐ 받아쓰기를 잘한다.

☐ 말로 자기의 의사를 특히 잘 표현하며 남들이 잘 쓰지 않는 표현도 곧잘 쓴다.

☐ 자기의 생각을 말이나 글로 표현하는 것을 좋아하고 재미있어 한다.

☐ 무엇인가를 기억해야 할 때 그 내용을 줄거리로 만들어서 기억하려고 한다.

☐ 새로운 장난감이나 학용품, 게임 등을 사거나 어떤 물건이 고장 나면 사용법을 열심히 읽은 후 사용하거나 고친다.

☐ 숙제를 할 때나 Group Work에서 선택의 여지가 있다면 책을 읽거나 쓰는 일을 택한다.

시각·공간적 지능이 높은 아이의 특성

☑ 새로운 길을 찾아갈 때 가는 방법에 대해 글로 설명한 것보다 지도를 보는 것을 더 좋아하고 잘한다.

☐ 상상을 많이 하는 편이다.

☐ 책을 읽고 쓰는 공부보다는 그림을 그리거나 사진 찍는 일을 더 좋아한다.

☐ 새로운 것을 만들어내는 것을 재미있어 한다.

☐ 무엇인가를 기억해야 할 때 그 내용을 그림으로 그리거나 그림표를 만들어 기억한다.

☐ 시간이 날 때마다 그림으로 된 낙서를 한다.

☐ 잡지를 볼 때 글은 대개 읽지 않고 그림이나 사진만 본다.

☐ 문제를 해결해야 할 때 자기의 주장을 하기보다는 혼자서 해결방안을 마음속에 그리는 편이다.

☐ 새로운 장난감이나 학용품, 게임 등을 사거나 어떤 물건이 고장 나면 그림으로 된 안내문이나 표를 본 후 사용하거나 고친다.

☐ 숙제를 할 때 늘 그림을 그려넣고, Group Work에서 늘 그림 그리는 일을 선택한다.

음악적 지능이 높은 아이의 특성

☑ 음악 CD나 Radio를 즐겨 듣는다.

☐ 놀거나 공부할 때 자주 노래를 흥얼거린다.

☐ 노래를 즐겨 부른다.

☐ 아기 다루는 법을 힘들이지 않고 익히는 편이다.

☐ 숙제를 하거나 놀 때 음악을 늘 틀어 놓는다.

☐ 무엇인가를 기억해야 할 때 그 내용에 곡이나 리듬을 붙여서 외운다.

☐ 노래 곡을 쉽게 따라하고 기억한다.

☐ 문제를 해결해야 하거나 사용법을 찾아야 할 때 몸이나 손, 발, 손가락, 발가락 등을 리듬에 맞게 움직이며 생각한다.

☐ 숙제를 할 때 또는 Group Work을 할 때 늘 음악이나 리듬과 관련된 것을 맡는다.

대인관계 지능이 높은 아이의 특성

☑ 사람들과 쉽게 잘 사귄다.

☐ 어떤 종류이건 모임이나 그룹에 속하거나 끼어드는 것을 좋아한다.

☐ 친구가 많은 편이다.

☐ 다른 사람을 도와주는 것을 좋아한다.

☐ 혼자 하기보다는 다른 사람과 함께 공부하거나 놀려고 하고 이를 즐긴다.

☐ 친구들이 많이 기대거나, 잘 따르거나, 조언을 구하는 편이다.

☐ 무엇인가를 기억해야 할 때 그 내용을 다른 사람에게 물어봐 달라고 한다.

☐ 문제를 해결해야 할 때 다른 사람에게 잘 물어보고 도움을 요청한다.

☐ 새로운 장난감이나 학용품, 게임 등을 사거나 어떤 물건이 고장 나면 스스로 해결하기보다는 다른 사람에게 물어보거나 도움을 요청한다.

☐ Group Work을 할 때 일을 계획하고 진행하는 일을 주로 맡는다.

논리 · 수학적 지능이 높은 아이의 특성

☑ 수학과목을 좋아한다.

☐ 논리적인 사고를 요하는 게임이나 생각을 해야만 즐길 수 있는 책이나 영화를 좋아한다.

☐ 수학문제 푸는 것을 재미있어 한다.

☐ 무엇인가를 기억해야 할 때 그 내용을 논리적으로 정리하여 기억하려 한다.

☐ 질문을 많이 하고 원리나 원칙을 찾아내는 것을 즐긴다.

☐ 공부나 일을 할 때 컴퓨터를 사용해서 하는 것을 즐기며 수학적 게임을 좋아한다.

☐ 장기나 바둑 등을 좋아하며 수학적 계산을 요구하는 게임을 좋아한다.

☐ 문제를 해결해야 할 때 항상 논리적이고 평등한 해결방안을 찾으려고 애쓴다.

☐ 새로운 장난감이나 학용품, 게임 등을 사거나 어떤 물건이 고장 나면 그것들을 자세히 보아 어떻게 사용하면 되는지, 어떻게 고칠지를 찾아낸다.

☐ 숙제를 할 때 늘 표를 만들거나 그래프를 만들어 자기의 생각을 표현하거나 정리하며 Group Work에서도 이런 종류의 일을 자원한다.

신체적 · 촉각적 지능이 높은 아이의 특성

☑ 제일 좋아하는 시간이 체육시간이다.

□ 블록을 가지고 놀기를 좋아하고, 입체적으로 무엇을 만들거나, 목공이나 바느질, 뜨개질 등을 좋아한다.

□ 무엇이든 보면 먼저 만져보고 싶어한다.

□ 오랜 시간을 가만히 앉아있지 못하는 편이다.

□ 말을 할 때 몸동작을 많이 쓴다.

□ 무엇인가를 기억해야 할 때 그 내용을 외워질 때까지 쓴다.

□ 수업시간이나 다른 사람의 말을 들을 때 연필을 돌리거나, 손가락으로 책상을 가볍게 두드리거나, 다리나 발 등을 지속적으로 움직인다.

□ 문제를 해결해야 할 때 주로 몸으로 부딪히며, 그래서 친구들과 몸싸움을 많이 한다.

□ 새로운 장난감이나 학용품, 게임 등을 사거나 어떤 물건이 고장 나면 우선 생각나는 대로 이것저것을 해본다.

□ 숙제를 할 때 또는 Group Work을 할 때 늘 무엇을 만들거나, 이리저리 옮겨보거나, 모형 만드는 일을 즐겨한다.

자연적 지능이 높은 아이의 특성

☑ 주변 환경에 관심이 많고 주변에서 무슨 일들이 일어나는지 늘 살핀다.

☐ 숲 속을 걷는 것을 좋아하며 나무나 꽃에 대한 관심이 많고 좋아한다.

☐ 꽃을 심거나 가꾸는 것, 식물을 기르는 것을 좋아한다.

☐ 자연물, 예를 들면 나뭇잎, 조개껍질, 돌멩이 등 모으는 것을 좋아한다.

☐ 어른이 되면 도시보다는 시골에서 살고 싶다고 한다.

☐ 무엇인가를 기억해야 할 때 그 내용을 몇 가지로 분류하여 외운다.

☐ 꽃, 나무, 새, 등 자연에서 볼 수 있는 것들에 대해 알고 싶어한다.

☐ 문제를 해결해야 할 때 예전에 책에서 읽었던 것과 비교해가며 일을 진행한다.

☐ 어떤 물건이 고장 나면 그것을 고치는 데 필요한 것들이 없나 주변을 먼저 살펴본다.

☐ 숙제를 할 때 또는 Group Work을 할 때 늘 자료를 몇 가지의 범주에 분류해서 정리하거나, 그런 일을 즐겨 맡아 한다.

자의적 지능이 높은 아이의 특성

- ☑ 혼자 놀거나 공부하는 것을 더 좋아한다.

- ☐ 일기 쓰는 것을 좋아하고 늘 쓴다.

- ☐ 자기 자신을 참 좋아한다.

- ☐ 여러 사람이 모인 곳에 가는 것을 싫어한다.

- ☐ 스스로 무엇을 잘하는지, 잘 못하는지 잘 알고 있다.

- ☐ 누가 무어라 하지 않아도 필요하다면 혼자서 일을 계획하고 실천할 수 있다.

- ☐ 한 번 계획한 일은 무슨 일이 있어도 끝까지 해낸다.

- ☐ 무엇인가를 기억해야 할 때 눈을 감고 그 내용을 스스로 느껴보려고 애쓴다.

- ☐ 문제를 해결해야 할 때 혼자서 조용히 해결책을 찾아내고 실천한다.

- ☐ 새로운 장난감이나 학용품, 게임 등을 사면 아무리 어려워도 혼자서 그 사용방법을 찾아내고, 어떤 물건이 고장나면 이것을 고칠만한 가치가 있는 것인지 먼저 생각해 본다.

- ☐ Group Work을 할 때 독자적으로 만들어낸 물건이나 독창적인 생각들을 잘 제시한다.

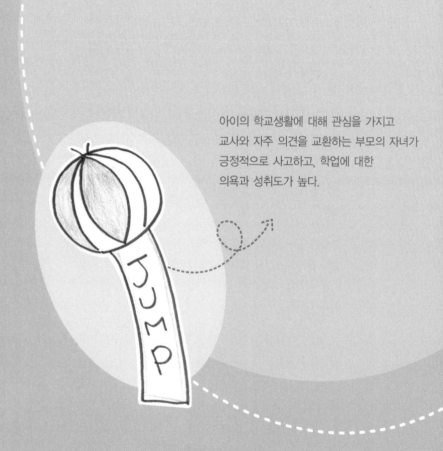

아이의 학교생활에 대해 관심을 가지고
교사와 자주 의견을 교환하는 부모의 자녀가
긍정적으로 사고하고, 학업에 대한
의욕과 성취도가 높다.

Life Jump 생활 점프

01 Jump mentoring 질병

02 Jump mentoring 성적

03 Jump mentoring 면담

04 Jump mentoring 점심값

05 Jump mentoring 서류발급

아픈 아이를 학교에 보낼 때

한국에서부터 축구를 좋아했던 아이가 중학교 3학년 때 축구부
에 들어갔다. 훈련받기 시작한 지 며칠 되지 않았는데 고등학교
졸업반 형들과 시험경기를 하게 됐다. 그런데 덩치 큰 고3 선수에
게 태클을 당해 다리뼈에 금이 가고 말았다. 축구는 당연히 그만
두어야 했고, 깁스를 한 다리에 목발을 짚고 학교를 가게 되었다.
엄마가 매일 학교에 데려다 주고 데리고 올 수도 없는 사정이라
걱정이었다. 책가방을 지고 목발을 짚고 학교버스 타는 것도 걱정
이었고, 학교에 가서는 혼자서 시간마다 책을 들고 교실을 옮겨다
녀야 하는 것도 걱정이었다. 한참을 걱정하고 있는데 아이 친구의
엄마에게서 전화가 왔다. 자기 아들을 시켜 도와주겠다는 전화였
다. 학교에서도 여러 가지 배려를 해줄 테니 걱정하지 말라고 친
절히 설명해주었다. 그리고 자기는 직장을 다니지 않으니, 내 대신
아이를 학교에 데리고 가고 집에 데려다 주겠다고 했다. 그 엄마
는 고맙게도 두 달 동안이나 그 약속을 지켜주었다.

한국에서나 미국에서나 아이가 성실하게 학교에 다니는 것은 중요한 일이다. 그러나 한 가지 다른 점은 앞에서도 설명했듯이 미국에서는 아픈 아이가 학교에 오는 것을 바람직하게 생각하지 않는다. 증상에 따라 아이가 효율적으로 공부할 수 없다고 판단되거나, 질병의 종류에 따라 다른 아이들이 전염될 우려가 있다고 양호실의 간호사가 판단하게 되면 부모를 불러 아이를 집으로 데리고 가게 하는 경우도 있다

아픈 아이는 집에서 쉬게 하는 것이 좋지만 아파도 학교에 가야할 때가 있다. 완쾌는 되지 않았지만 일상생활에 지장이 없을 만큼 나은 경우나, 발목을 삐었을 때처럼 신체의 일부분이 불편하나 학교생활을 할 수 있는 경우 등에는 아이를 학교에 보내야 한다. 이런 경우 학교에서 할 수 있는 활동이 제한되거나 계속해서 약을 먹어야 할 때가 많은데 이때에도 부모가 학교에 편지를 보내 허가를 받아야 한다. 특히 약을 먹어야 하는 경우 반드시 학교에 알려 학교에서 허락하는 방법으로 먹어야 한다. 임의로 먹다가 적발이 되는 경우 마약을 먹었다고 오해를 받아 큰 낭패를 볼 수 있으므로 꼭 주의해야 한다.

학교에서 약을 먹도록 허락해 주는 경우

1 주치의가 친필 사인한 처방전을 약과 함께 양호실에 미리 제출하면 간호사가 정해진 시간에 아이를 불러 약을 먹게 한다.
처방전에는 하루에 몇 번, 무슨 약을 며칠 동안 먹어야 하는지의 정보가 포함되어 있어야 한다.

2 부모가 약 먹는 시간에 맞추어 학교 양호실로 가서 약을 먹이러 왔다고 하고 아이를 양호실로 불러서 먹일 수 있다.
이 경우 처방전은 필요 없지만 무슨 이유로 어떤 약을 먹인다는 것을 양호실 직원이나 간호사에게 말해야 한다.

아픈 아이를 학교에 보낼 때 신경 써야 할 일

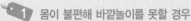 몸이 불편해 바깥놀이를 못할 경우
부모가 편지를 보내 담임교사가 이를 미리 알고 적절한 조치를 취할 수 있도록 한다.
※ 초등학교의 경우 점심시간에 아이들이 자유롭게 놀 수 있는 시간을 30분 정도 준다. 이 시간 동안 교사의 허락 없이 교실에 혼자 남아있을 수 없다.

2 몸이 불편해 체육을 할 수 없는 경우
체육을 하지 않고 참관만 하게 하거나 다른 활동을 할 수 있게 해달라는 편지를 학교에 보낸다.
※ 한 번 정도는 부모의 편지만으로 바깥놀이나 체육수업에서 제외될 수 있으나, 그 이상은 의사의 진찰소견서(Doctor's Note)가 반드시 첨부되어야 한다.

아이가 깁스를 했을 때

1 과목교사의 허락을 받고 다른 아이들보다 5분 정도 빨리 다음 교실로 이동할 수 있다.

2 엘리베이터가 있는 경우 이를 사용할 수 있는 특권이 주어진다.

3 교실을 이동할 때 가방이나 책을 들어주고 도와주는 친구(Back Pack Buddy)를 교사가 정해주어 도움을 받게 한다.
다 나은 후에는 도움을 준 친구에게 Thank-You 카드를 보내어 감사의 뜻을 표현하게 하는 것이 좋다.

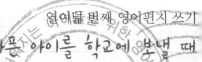

초등학생의 바깥 놀이를 시키지 말아 달라는 부탁을 하는 편지

November 22, 2006

Dear Ms. Peterson,

Please allow my daughter, Becky Kim in 4th grade, to stay inside during recess period. She is not feeling well today. Thank you for your concern.

Sincerely,
Ji-Young Kim

피터슨 선생님,

4학년에 재학중인 저의 딸 Becky Kim이 아픕니다. 오늘은 바깥놀이를 시키지 말아주시고, 그냥 교실에서 쉬게 해 주세요. 감사합니다.

김 지영 드림

고등학생의 체육수업을 참관할 수 있게 해달라는 편지

November 22, 2006

To whom it may concern,

My son, Michael Kim in 9th grade, is not able to participate in any physical activities due to his illness. Please allow him to sit out today's gym period. Thank you for your concern.

Sincerely,
Ji-Young Kim

담당자님께,

9학년에 재학 중인 제 아들 Michael이 몸이 아픈 관계로 체육시간에 참여하지 못할 것 같습니다. 그냥 참관할 수 있게 해주세요. 감사합니다

김지영 드림

궁금한 성적
언제든지 물어보자

학교에서 돌아오자마자 아이가 우편물이 왔냐고 물어본다. 평소에는 우편물을 가져오라고 하면 "엄마가 좀 해주면 안 되겠냐"고 되묻던 아이인데 웬 우편물 타령인가 했더니 다 이유가 있었다. 성적표 올 때가 된 것이다. 아마 학교에서 선생님이 성적표를 보냈으니 곧 받을 것이라고 했나보다. 오늘 우편물에 성적표가 없는 것을 확인하고서는, 만약 내일 자기가 학교 간 사이에 성적표가 오면 엄마가 먼저 뜯어보아서는 절대로 안 된다는 협박까지 한다. 성적표는 자기 것이니까 자기가 먼저 볼 수 있게 해달라는 것이었다. 다음 날 드디어 성적표가 왔다. 다행히 우편배달 아저씨가 늦게 와 아이는 소원대로 먼저 성적표를 볼 수 있었다. 겉봉에는 분명히 '김 마이클의 부모에게'라고 되어 있었는데 말이다.

한국에서는 매 학기가 끝나면 방학할 때 성적표가 함께 나오지만 미국에서는 일 년에 적어도 8번 정도 성적표를 부모에게 보내준다. 또 교사에 따라 아이들의 성적을 컴퓨터로 관리하여 이메일을 통해 수시로 부모에게 성적을 보내주기도 한다. 대개 학기 초에 개최하는 부모모임에서 각 과목의 교사들에게 이메일 주소를 적어주고 가능한 대로 성적을 보내달라고 요청할 수도 있다. 그리고 성적을 받은 후에 궁금한 것이 있으면 이메일이나 전화로 문의할 수 있다.

학사일정

1 초등학교나 중·고등학교를 막론하고 네 개의 학기(쿼터 ; Quarter)로 나뉜다.

2 주나 학군에 따라 조금 다르기는 하지만 대개 고등학교에서만 두 번째 쿼터의 마지막에 중간시험(Mid-Term Examination)을 보고 네 번째 쿼터의 마지막에 학년말 시험(final Examination)을 본다.

3 초등학교나 중학교에서는 특별히 중간고사나 기말고사를 보지 않는 경우가 많다.

성적표

1 총 8번의 성적표 중 4번은 각 쿼터가 끝난 후에 각 과목별로 A,B,C 등의 등급(Letter Grade)으로 성적이 매겨져 나온다.
※고등학생의 경우 중간시험과 학년말 시험의 결과가 포함된 성적을 두 번째와 네 번째 쿼터가 지난 후 받을 수 있다.

2 나머지 네 번의 성적은 각 쿼터의 중간(Mid - Marking Period)에 오는 것으로 이때는 Letter Grade 대신 과목에서 어떻게 하고 있다는 것을 설명하는 서술형의 성적표(Progressive Report)가 온다.

아이의 성적을 교사에게 문의할 때

November 22, 2006

Dear Mr. Williams,

How are you doing? I would like to know how my daughter, Hana Kim, is doing in your math class. She seems to enjoy your class and always tries to complete her homework. In addition, I would like to know if you can suggest any ways to improve Hana's work in math. Thank you for your time and concern.

Sincerely,
Ji-Young Kim

윌리암스 선생님께

안녕하세요? 다름이 아니고 저의 딸 하나가 선생님의 수학수업을 잘하고 있는지 궁금하여 편지를 드립니다. 하나는 선생님의 수업을 재미있어하고 항상 숙제를 열심히 하는 것 같습니다. 혹시 선생님께서 하나의 수학능력을 개선시킬 수 있는 방법을 알려주실 수 있겠는지요? 감사합니다.

김지영 드림

November 22, 2006

Dear Mrs. Adams,

How are you doing?

Thank you for your comments on the progress report that we received yesterday. Receiving your comments, we truly think that we need your advice to help Michael's study.

Michael has tried to study hard since he moved up to Hon. English from on-level. However, he seems to have difficulties figuring out how to study in Hon. English class.

Michael is a conscientious and enthusiastic student. If he knows how to improve his inconsistent performance, we believe, he can be successful in your class. Thus far, all we could do was to encourage him to read more books and to study vocabularies.

We would truly appreciate it if you give us any suggestions on how to help Michael. We can come to have a conference with you any time, if necessary.

Thank you for your time and concern. We look forward to hearing from you soon.

Sincerely, Min-Ho Kim

애덤스 선생님께

안녕하세요?

어제 받은 중간성적표에 써주신 의견들 정말 감사합니다. 그 의견들을 보고 선생님께 어떻게 하면 마이클의 공부를 저희가 도와줄 수 있을지 여쭤어보고 싶었습니다. 마이클이 우수 반 영어로 올라간 후 계속 열심히 공부를 해왔습니다. 그렇지만 아무래도 조금 힘들어하는 것 같습니다.

마이클은 꼼꼼하고 열심히 공부하고 싶어하는 아이입니다. 어떻게 하면 공부를 더 효과적으로 할 수 있는지 안다면 마이클은 잘해낼 수 있으리라 봅니다. 저희가 집에서 도와주고 싶은데 저희가 생각할 수 있는 것은 그냥 책을 더 많이 보고 단어공부를 더 하라는 것뿐입니다.

선생님께서 마이클이 공부를 더 효과적으로 잘할 수 있는 방법을 저희에게 제안해주시면 정말 감사하겠습니다. 만약 필요하다면 저희가 선생님을 찾아뵐 수도 있습니다.

다시 한번 감사드리며 선생님의 제안을 기다리겠습니다.

김민호 드림

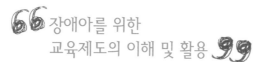 장애아를 위한 교육제도의 이해 및 활용 99

　　　　　　　대부분의 미국학교 교실에서 보통아이들과 장
애아들이 함께 어울려 공부하고 노는 것을 보는 것은 그리 어
렵지 않다. 이는 2000년에 접어들면서 많은 학교에서 통합교
육을 실시하고 있기 때문이다. 그런데 통합교육이라고 해서
모든 아이들이 한 교실에서 같은 내용을 공부하는 것은 아니
다. 장애의 종류와 정도에 따라 개별교육이 필요하다고 판단
될 때는 그 아이를 위한 개별교육계획 IEP: individual Education
Program을 세운다. 개별교육계획에 따라 장애영역별 특수교
육 자격을 가진 교사들이 보통교사들과 협력하여 하루 중 일

Education

부 시간 동안 개별교육을 실시하기도 한다. 아이가 개별교육을 받는다고 해서 교육비를 따로 지불하지 않는다. 단지 개별교육계획이 필요하다는 판정을 받는 절차를 거쳐야 한다.

유아원이나 유치원, 초등학교 저학년에서 아이의 행동이 보통아이들과 다르다는 것을 알게 되면 교사가 부모의 동의를 얻어 장애 여부를 파악한다. 장애 여부는 학교의 아동연구팀에 의해 체계적인 평가를 거쳐 판단된다. 평가의 결과는 교육청의 IEP 판정팀에 제출되며, 판정팀은 제출된 자료를 근거로 몇 번의 심의를 거쳐 개별교육계획의 필요 여부에 대한 판정을 내린다.

장애의 종류는 매우 다양하며, 많은 경우 장애는 완전히 치료되지 않는다. 중요한 것은 일찍 발견하여 조기에 필요한 치료와 교육을 실시할수록 더 많이 치유되거나 적어도 더 악화되지 않는다는 것이다. 아이에 따라 다를 수는 있으나 자폐아의 경우, 2~3세 경에 발견하여 2~3년 동안 집중적으로 치료하고 교육하면 아이가 유치원에 갈 즈음에는 거의 정상인에 가깝게 된다는 연구 결과가 보고되어 있다. 그러므로 아이를 세심히 관찰하여 조금이라도 장애의 여부가 의심되면 가능한 한 빨리 전문가의 도움을 받아야 한다.

미국의 부모들과 달리 한국의 부모들은 아이에게 장애가 있는 것을 부끄럽게 생각하는 경향이 있다. 이는 아이의 장애를 일찍 발견하여 치료하고 교육하는데 커다란 걸림돌이 될 수 있다. 그리고 장애를 무시함으로써 아이가 장애인임을 인정하고 사는 것보다 더 힘들고 무서운 과정을 겪게 된다.

미국은 장애인의 천국이라는 말들을 한다. 미국에서 아이들을 키우면서 만약 일찍 장애를 발견하고 필요한 치료와 교육을 받게 한다면 미국 사회의 장점을 100% 잘 활용하는 것이다.

장애가 있는 것은 부끄러운 일이 아니다. 단지 조금 불편한 일이다. 장애를 인정하는 것보다 더 무서운 것은 장애를 인정하지 않아 적절한 치료나 교육을 받지 못해 마음을 펴지 못하고 늘 불행한 마음으로 살아가는 것이다. 장애가 있지만 이를 인정하여 받아들이고, 적절한 치료와 교육을 받으면 적어도 행복한 마음으로 살아갈 수 있는 계기를 마련하게 된다. 그리고 이것은 부모들이 해주어야 하는 일임을 기억해야 한다.

장애의 종류는 매우 다양하고 또 대부분의 장애가 완전히 치유되지 않는다. 중요한 것은 일찍 발견하여 조기에 필요한 치료와 교육을 실시할수록 더 많이 치유되거나 적어도 더 악화되지 않는다는 것이다. 장애가 있는 것은 부끄러운 일이 아니다. 단지 조금 불편한 일이다.

장애 정도에 따른 교육 방법

통합교육 (Inclusive Education)

장애아동을 보통의 교실에서 보통의 아이들과 함께 교육하는 것을 의미한다. 각각 개인차를 가진 아이들을 한 교실에서 개개 욕구를 만족시키면서 함께 교육함으로써 더불어 살아가는 방법을 배우게 한다는 취지를 가지고 있다.

개별교육계획
(IEP : Individual Education Program)

장애의 정도에 따라 개별교육이 필요하다고 판단되는 아이를 위해 세우는 개별교육계획을 의미한다. 특수교육자격을 가진 교사들이 보통교사와 협력하여 하루 중 일부 시간 동안 개별교육을 실시하는 것이다.

※ 아동연구팀은 부모, 보통교사, 장애가 의심되는 영역의 특수교사, 심리학자로 구성된다.

높은 교육효과를 위해
꼭 필요한 교사와의 면담

아이가 처음 중학교에 입학하고 3주쯤 지나 부모모임의 통지가
왔다. 학교에서 돌아온 아이가 자기 시간표를 들고 Back to
School Night란 무엇인지 어떻게 하는 것인지 열심히 설명해 주
었다.

6시 30분에 정확하게 도착한 학교 강당에는 벌써 많은 부모들
이 와 있었다. 교장선생님의 말을 듣고 곧바로 아이들의 시간표에
따라 아이가 수업을 듣는 교실로 찾아가 선생님들과 만나는 시간
이 시작되었다.

많은 아이들의 경우 엄마와 아빠가 함께 와서 교실에는 아이들
수보다 더 많은 어른들로 의자가 모자랐다. 13분 동안 과목담당선
생님의 교육방침을 듣고, 누구의 부모라 소개하고 간단히 인사하
니 벨이 울렸다. 다음 수업교실로 늦지 않게 4분 안에 옮겨가 또
다른 과목의 선생님을 만나서 어떻게 가르치겠다는 등의 이야기를
들었다. 아이가 듣는 과목의 선생님들을 그렇게 모두 만나고 나니

2시간 30분이 금세 지났다. 이제는 아이가 학교에서 어떤 생활을 하는지 머릿속에 조금 그려지는 것 같다. 참으로 새롭고 유익한 부모모임이었다.

아이가 학교에서 어떻게 지내는지 궁금해 하는 것은 당연한 일이다. 친구는 잘 사귀는지 공부시간에 어떻게 하는지 교사들은 우리 아이에 대해 어떻게 생각하는지 등 알고 싶은 것이 많다. 아이가 학교생활을 성공적으로 해내는데 영향을 주는 요인들이기 때문에 더욱 그러하다.

미국에서는 학교와 가정이 서로 긴밀하게 협력할 때 가장 높은 교육 효과를 기대할 수 있다고 여긴다. 아이의 학교생활에 대해 관심을 가지고 아이뿐 아니라 교사와도 빈번히 의견을 교환하는 부모의 자녀가 긍정적으로 사고하고, 학업에 대한 의욕과 성취도가 높다고 한다.

그래서 학교에서도 교사와 부모가 적극적으로 의견을 교환하는 것을 권장하고 있다. 한국에서는 아이의 학교에 가려면 무엇을 사가지고 가야하는가에 대한 고민을 하지만 미국에서는 전혀 그런 고민을 할 필요가 없다. 미국의 어떤 교사도 부모가 면담을 하러 올 때 무엇을 들고 올 것이라고 예상하지 않기 때문이다. 미국에서는 무엇을 사갈 것인가가 아니라 무엇을 물어볼 것인지를 깊이 생각해야 한다. 교사와 어떤 이야기를 나눌 것인지를 준비해가야 아이의 보다 나은 교육을 위한 면담이 되기 때문이다.

부모와 교사의 정기적 면담

1 초등학교의 경우

- 학교에 따라 차이는 있지만 11월과 4월에 학교에서 정기적으로 개별면담을 실시한다. 일하는 부모의 경우에는 사정을 고려하여 저녁시간에도 면담을 할 수 있도록 시간을 조정해 준다.

- 11월 면담은 교사가 아이를 파악하기 위해 주로 부모의 이야기를 듣는 면담이다.

- 4월 면담은 교사가 부모에게 아이의 학습과 발달상황에 관해 보고하는 형식으로 진행된다.
  미국에서는 9월에 새 학년이 시작되므로 11월은 학년 초에 해당하고 4월은 학년 말에 해당된다.

2 중·고등학교의 경우

- 대부분 학년 초인 9월 중순에서 10월 초 사이에 모든 부모를 학교에 초대하여 전체 부모모임(Back to School Night 또는 Open House라고 함)을 갖는다.

- 아이의 하루 시간표대로 부모가 각 교실을 방문하면 교사는 교육의 내용이나 방법을 부모에게 10분~15분 정도로 간단히 소개한다.

- 부모들의 많은 참여를 위해 주로 저녁시간에 이루어진다.

- 2시간 내지 2시간 30분 정도 소요된다.

※ 이런 행사는 학년 초에 우편을 통해 부모에게 알려준다. 구체적인 일정은 유인물로 보내 재확인하므로 학년 초에는 학교에서 보내는 우편물을 잘 챙겨보아야 한다.

면담이 중요한 이유

1 아이의 발달이나 학습에 관한 교사의 의견을 들을 수 있다. 그리고 집에서 어떤 도움을 주어야 하는지 파악할 수 있다.

2 각 과목의 교사가 누구인지 알 수 있다.

3 어떤 교실에서 어떤 내용을 어떤 방법으로 배우는지 알 수 있다.

4 같이 수업을 듣는 아이들은 누구인지 알 수 있다.

5 교사가 숙제는 어떻게 내주며 시험은 몇 번이나 보는지 성적은 어떻게 산출하는지 알 수 있다.

6 교사에게 부탁하고 싶은 것이나 아이에 관한 설명을 간단히 적어 낼 수 있다.

비공식적인 면담을 요청할 때

1 비공식적인 면담을 원할 때는 어떤 점에 관해 면담을 하고 싶은데 언제 가능한지를 교사에게 미리 물어보는 것이 좋다. 편지나 이메일을 보내거나 전화를 걸어 일정을 잡을 수 있다.

2 사정이 여의치 않아 학교에서 실시하는 면담에 참여할 수 없을 경우 이메일을 통해 면담을 할 수 있다.

3 초등학생일 경우
방과 후의 시간이나 아이들이 예능과목을 배우러 간 시간에 교실을 방문하여 면담을 할 수 있다.
미국에서는 음악, 체육, 미술 등의 예능과목을 전문교사가 가르치는데 이 시간들을 Special이라고 통칭하기도 한다. 아이들이 Special을 하러 갔을 때 교사는 대개 다음 시간을 준비하거나 부모와 면담을 하기도 한다.

4 중·고등학생일 경우
수업이 없는 시간이나 방과 후에 과목담당교사의 교실로 가서 면담을 할 수 있다. 아이의 전반적인 성적을 알고 싶은 경우 지정된 상담교사와 면담을 할 수도 있다.
 – 내 아이의 상담교사가 누구인지 알아 그 상담교사에게 면담을 신청한다.
 – 부모가 원할 경우 모든 과목의 교사들을 한 자리에 소집하여 부모와 교사들 간의 집단면담을 해 주기도 한다.

5 고등학생의 경우 특히 상담교사와의 면담이 중요한데 이는 상담교사가 대학 진학과정을 안내해 주고 진학에 관한 서류를 작성해 주며 특히 개별추천서를 써 주기 때문이다.

상담교사와 면담일정을 잡을 때

November 16, 2006

Dear Ms. Brown,

How are you doing? I am father of Michael Kim, who is in 9th grade. My wife and I would like to make an appointment with you regarding Michael's grade in Math and Language Arts classes. We would appreciate it if you inform us a few convenient times of yours, so that we can come to meet with you for one of those times. Thank you for your time and concern.

Sincerely,
Min-Ho Kim

브라운 선생님께

안녕하세요? 저는 9학년에 재학중인 김 마이클의 아버지입니다. 다름이 아니고 언제 시간이 나시면 선생님을 한번 찾아 뵙고 마이클의 수학과 영어 성적에 대해 상담하고 싶습니다. 저희에게 언제 선생님 가능한 시간을 알려 주시면 저희 스케줄을 보고 적당한 시간을 알려드리겠습니다. 감사합니다.

김민호 드림

November 16, 2006

Good morning, Mr. Kim,

I can meet with you any time between 7:30 and 8:30 AM on Tuesday, Wednesday, and Friday; however, if none of these is convenient, another time can be arranged. Please call Mrs. Vento at 778-6620 extension 13170 to arrange another time. Further, would you please let Mrs. Vento know what time you would like to come? I'll look forward to meeting with you soon.

Sincerely,
Betty Brown

좋은 아침입니다, 김 선생님,

저는 화, 수, 금요일 아침 7시 30분 에서 8시 30분 사이에 만나 상담할 수 있을 것 같습니다. 만약 이 시간에 못 오신다면 다른 시간을 한번 찾아보겠습니다. 저희 직원 벤토씨에게 전화 주셔서 언제 오실 수 있는지 말씀하시면 됩니다. 벤토씨의 전화번호는 778-6620 이고 ext 은 1370 입니다. 만나 뵐 것을 기대하겠습니다.

베티 브라운 드림

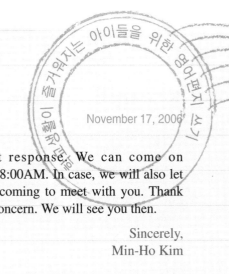

November 17, 2006

Dear Ms. Brown,

Thank you for your prompt response. We can come on Wednesday, November 22nd, at 8:00AM. In case, we will also let Mrs. Vento know when we are coming to meet with you. Thank you so much for your time and concern. We will see you then.

Sincerely,
Min-Ho Kim

브라운 선생님께

빨리 답 주셔서 감사합니다. 저희는 수요일, 11월 22일, 아침 8시에 갈 수 있습니다. 벤토씨에게도 그 시간에 갈 수 있다고 연락하겠습니다. 정말 감사합니다. 그럼 수요일에 뵙겠습니다

김민호 드림

According to our observation, Michael seems to be on right track and enjoys your class very much. These days, he asks for help from us less frequently and spends less time doing his homework than before.

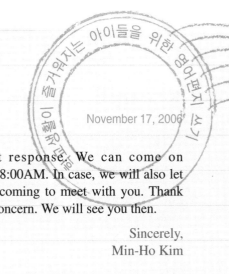

교사와 이메일로 면담하는 방법

November 17, 2006

Dear Mrs. Allen,

How are you doing? Thank you for the notice about parent-teacher conference. However, I cannot come to the conference because I have a business trip for that period. I am wondering if I can have a conference through e-mail this time, and I will come to school to meet with you after I come back, if necessary. Thank you so much for your concern for Hana.

Sincerely,
Ji-Young Kim

알렌 선생님,

안녕하세요? 교사상담에 대해 알려주셔서 감사합니다. 그러나 그 주에 비즈니스 출장이 있어 상담 시간대에 가지 못 할 것 같습니다. 그래서 혹시 선생님과 이번에는 이메일로 상담을 하고 필요하다 면 다음에 찾아뵈어도 되는지 알고 싶습니다. 감사합니다.

김지영 드림

November 22, 2006

Dear Dr. Becker,

How are you doing? We are very sorry for not being able to come to the conference. If you don't mind, we would like to ask how Michael is doing in your Honors Algebra class through e-mail. According to our observation, Michael seems to be on right track and enjoys your class very much. These days, he asks for help from us less frequently and spends less time doing his homework than before. If you have any concerns of Michael, please let us know. We will help him at home as much as we can. Have a nice day..

Sincerely,
Ji-Young Kim

베커 선생님,

안녕하세요? 상담에 참석하지 못해 죄송합니다. 만약 선생님께서 괜찮으시다면 마이클이 우수 반 클래스에서 어떻게 하고 있는지 이메일로 상담하고 싶습니다. 저희가 보기에는 마이클은 그 수업을 잘 듣고 있고 또 좋아하는 것 같습니다. 요즘에는 숙제를 좀 더 빨리 끝내는 것 같고, 못 푸는 문제를 저희에게 도와달라고 하는 경우도 줄었습니다. 선생님께서 마이클이 조금 더 효과적으로 공부할 수 있는 방법을 알려주시면 감사하겠습니다. 저희들도 집에서 최선을 다해 도와주겠습니다. 좋은 하루 되시기 바랍니다.

김지영 드림

115

점심값을 잊고 갔을 때는 어떻게 할까

늘 점심값을 챙겨주고 아이도 스스로 꼬박꼬박 점심값을 챙겨가다가, 어느 날 아이도 엄마도 점심값 챙겨가는 것을 잊은 적이 있다. 직장에서 일을 하다 그 사실을 알고는 몹시 속상하고 당황스러웠다. 아이가 아침도 제대로 먹지 못한 터라 동료에게 양해를 구하고 부랴부랴 아이의 학교로 갔다. 그리고 Main Office의 직원에게 사정을 설명했다. 숨이 차 헐떡거리며 말하는 나를 보고 직원이 다음에 혹 이런 일이 있으면 달려오지 않아도 된다고 했다. 전화해서 이야기하면 우리가 다 알아서 해준다고 친절하게 설명을 해 주었다. 그것도 모르고 일하다 달려왔다 하니 직원이 다음에는 절대 오지 말고 꼭 전화하라고 신신당부를 한다. 부탁은 내가 해야 하는 건데 오히려 신경써주어서 고마웠다. 이왕 왔으니 돈을 남기고 가면 전해주겠다고 해서 직원에게 돈을 맡기고 왔다. 저녁에 집에 와 아이에게 물으니 엄마가 Office에 남기고 간 돈을 담임선생님이 전해주어서 점심을 먹었다고 한다. 담임선생님도 다

음에는 자기에게 말해도 되니까 그것 때문에 학교에 일부러 오지
않아도 된다고 엄마에게 전하라고 했다는 것이다. 선생님도 직원
도 참 고마웠다.

한국에서는 초등학교 고학년이 되어야 학교에서 점심을 먹지만 미국
에서는 1학년부터 학교에서 점심을 먹는다. 초등학교 저학년이라도 종
일제 수업을 하기 때문이다. 한국에서는 매달 급식비를 학교에 내고 일
괄적인 식사를 하지만, 미국에서는 도시락을 싸가지고 다니거나 학교
에서 운영하는 학교식당에서 매일 원하는 것을 사먹도록 하고 있다.

학교식당에 컴퓨터 시스템이 도입된 경우가 아니라면 매일 점심값을
챙겨 보내는 것이 무척 신경 쓰이는 일이다. 아침에 정신없이 학교에 갈
준비를 하다보면 점심값을 잊고 갈 경우가 있기 때문이다. 또 컴퓨터 시
스템이 도입된 경우라 하더라도 계좌에 넣어둔 돈을 쓰고 미처 다시 채
우지 못한 경우 점심을 먹지 못하는 것으로 생각한다. 그러나 이런 경우
에도 점심을 사 먹을 수 있는 방법이 있는데 이를 아이에게 미리 알려
주는 것 또한 학교생활을 원활하게 하는 데 도움이 될 것이다.

점심값을 잊고 갔을 때

1 부모가 학교 사무실에 직접 가서 아이에게 전해 달라고 한다.

2 학교에 어느 정도 익숙해지고 친구도 사귄 경우라면 친구에게 빌릴 수도 있고, 교
사에게 빌려서 먹을 수도 있다.

3 학교 사무실에 전화를 해서 아이가 점심값을 가져가지 않았지만 점심을 먹도록
해달라고 부탁한다.
교사가 계산원에게 이야기해 점심을 먹게 해주고, 부모에게 얼마를 언제까지 학교
에 지불하라는 쪽지를 보낸다. 이런 경우 부모는 빌린 돈을 정해진 날까지 반드시
갚아야 한다. 얼마 안 되는 돈이지만 학교에 지불해야 할 돈을 내지 않은 경우 개
인의 신용점수에 반영되며, 나아가 미국 입국을 거부당하는 경우도 있기 때문이다.

1 점심값이나 메뉴는 학교마다 다르고, 초·중·고등학교마다 다르다.

2 세트 메뉴에 따라 가격이 정해져 있는 경우도 있고, 선택하는 음식의 종류와 가짓수에 따라 돈을 지불하는 경우도 있다.

한 달 치의 점심값을 미리 내는 학교
며칠이 지나면 다시 돈을 내야하는지 파악하여 주기적으로 돈을 채워주어야 한다.

일정액의 수표를 써줄 때 지불대상자로는 학교의 이름을 쓰고, 아래 부분에 아이의 이름과 반 번호(Homeroom Number)를 쓴다.

중·고등학생의 경우
아이가 학교식당의 계산대에 수표를 가져다준다.

초등학교의 경우
아이가 담임교사에게 주면 교사가 학교식당에 가져다주거나 부모가 직접 학교 식당담당자에게 갖다 준다.

3 매일 돈을 가져와 사먹도록 하는 학교 : 점심시간 때 학교 식당에 돈을 내고 먹는다.

4 컴퓨터 시스템을 도입한 학교 : 부모가 원하는 만큼의 돈을 미리 지불하면 아이에게 ID 와 비밀번호를 주고 매일 먹을 때마다 돈을 감한다. 비밀번호를 잊어버렸을 경우에는 홈룸번호와 이름을 계산원에게 주면 먹을 수 있다.

도시락을 싸주고 싶다면

1 훈제고기(Sandwich Meat) 얇게 썬 것과 치즈, 양상추를 넣은 샌드위치(Cold Sandwich)나 땅콩버터와 잼을 바른 샌드위치(Peanut Butter Jelly Sandwich), 빵을 살짝 구워 계란 구운 것과 치즈를 넣은 샌드위치(Egg & Cheese Sandwich) 등을 싸 준다.

2 마실 것으로는 초등학생이라면 팩에 든 과일주스나 아주 작은 병의 물, 큰 아이라면 조금 큰 병의 물이나 좋아하는 다른 음료수를 함께 싸준다. 후식으로 조금의 과일이나 한 두 개의 쿠키, 일회용으로 포장된 감자칩 등을 넣어준다.

3 초등학생은 점심을 도시락 가방에 넣어가지만, 중학생이 되면 점심을 넣어 다니는 브라운 백을 이용하는 것이 좋다.
브라운 백은 슈퍼마켓의 일회용 비닐 백이나 호일, 비닐 랩 등을 파는 곳에서 살 수 있다.

Warker: Hi, what can I get for you?

Mother: Could I have a half pound of fat free ham.

Warker: Okay. Slice or shave?

Mother: Shave, please.

Warker: Okay. (Ham을 주며) ... Here we go. Anything else?

Mother: A quarter of American cheese, please.

Warker: (Cheese를 주며) Anything else?

Mother: A pound of corned beef, please.

Warker: Shave or slice?

Mother: Shave, please.

Warker: (Corned Beef을 주며) Anything else?

Mother: That's it. Thank you.

Warker: Have a good one.

Mother: You too.

직원: 무엇을 도와드릴까요?

엄마: 지방 뺀 햄을 1/2파운드 주세요.

직원: 그러지요. 두껍게 썰어드릴까요? 얇게 썰어드릴까요?

엄마: 얇게 썰어주세요. 감사합니다.

직원: 알았어요. (Ham을 주며) 여기요. 다른 것은요?

엄마: American 치즈를 1/4 파운드 주세요.

직원: (Cheese를 주며) 다른 것은요?

엄마: 절인 쇠고기 1파운드 주세요.

직원: 얇게요? 두껍게요?

엄마: 얇게 썰어주세요. 감사합니다.

직원: (Corned Beef를 주며) 다른 것은요?

엄마: 다 되었어요. 감사합니다.

직원: 좋은 하루 보내세요.

엄마: 좋은 하루 보내세요.

점심값을 잊고 갔을 때 교사에게 알리는 방법

Secretary: Hello, this is Midge at Linton Elementary School. How may I help you?

Father: Hello. I am a father of Becky Kim in 4A06. She forgot her lunch money today. However, since I am not available to come to school now, I am wondering if there is anyway for her to get lunch.

Secretary: Don't worry. I'll let the teacher and people in the cafeteria know that your child forgot her lunch money and make sure that she gets her lunch. They will let her have her lunch and then send you a memo telling you how much your child owes. You can send the money with her tomorrow.

Father: Thank you so much. I'll do that.

Secretary: Okay. That will work. Is there anything else I can help you with?

Father: No, that's all. Have a nice day.

Secretary: Thank you.

직원: 린튼 초등학교의 밋지 입니다. 어떻게 도와드릴까요?

아빠: 안녕하세요? 저는 홈룸 4A06에 있는 4학년 베키 김의 아빠인데요, 베키가 점심값을 잊고 갔어요. 그런데 제가 지금 바로 갖다 줄 수 가 없어서 혹시 베키에게 돈은 없지만 점심을 먹게 할 수 있는 방법이 없나 해서 전화 드립니다.

직원: 걱정 마세요. 담임 선생님이랑 학교 식당에 있는 직원에게 베키가 점심값을 잊고 왔다고 알릴게요. 그들이 베키 점심을 먹게 할 것이고 얼마를 보내주셔야 하는지 쪽지를 보낼 거예요. 그러면 내일 돈을 보내주세요.

아빠: 감사합니다. 그렇게 하지요.

직원: 좋아요, 다른 것 또 도와드릴 것이 있나요?

아빠: 아니에요. 좋은 하루 되세요.

직원: 고마워요.

I am a father of Becky Kim in 4A06. She forgot her lunch money today.

Lunch Time?

고등학교 식당

초등학교 식당

중학교 식당

추천서나 서류를 부탁할 때

　　3월 초의 어느 날, 학교에서 돌아온 아이가 불쑥 "엄마 나 여름 방학에 뭐해?" 하고 물었다. 학교에서 친구들이 이야기하는 것을 들었는데 여름에 혹시 캠프를 가려면 지금 정해서 등록을 해야 한다고 하더란다. 아이 친구의 엄마에게 전화해서 물었더니 괜찮은 캠프는 빨리 마감이 되니까 늦어도 4월 초까지는 등록을 해야 한다고 말해주었다. 아이와 의논해서 방학동안 가까운 사립학교에서 하는 Reading 캠프를 가기로 정했다, 인터넷으로 등록절차를 알아보니 원서와 함께 소정양식의 추천서를 제출해야 한다고 한다. 미국에서 대학갈 때에는 학교에서 써주는 추천서가 굉장히 중요하다고 들었지만, 아이들 캠프에서도 추천서를 요구할 것이라고는 미처 생각하지 못했었다. 참 재미있는 나라다.

　　한국에서는 드문 일이지만 미국에서는 학교에서 추천서나 서류를 발급 받아야 할 일이 종종 있다. 아이를 학교에 보낼 때 여러 가지 용도로 재학증명서가 필요하기도 하고, 여름 동안 다른 학교나 기관에서 주최하는 프로그램에 보낼 때도 추천서가 필요하다.

대부분의 프로그램에서는 특정한 양식의 추천서에 교사나 상담교사가 내용을 기입하도록 하는 경우가 많다. 이때에는 추천서의 양식을 프린트해서 해당교사나 상담교사에게 부탁해야 한다. 증명서의 신청은 학교에 따라 상담실의 상담교사나 학교 사무실에 하면 된다.

서류발급 신청할 때의 예의

1 일주일이나 열흘 정도의 충분한 시간을 두고 부탁하거나 신청한다.

2 소정의 양식이 없는 경우 무슨 서류를 어떤 용도로 쓸 것이며 서류에 들어가야 할 내용이 무엇인지 알려준다.

3 언제까지 서류가 발급되어야 하는지 말하고 발급된 서류를 어떻게 받을 수 있는지 물어본다.
우편을 통해 보내주거나 아이 편에 보내기도 하고 경우에 따라 부모가 가서 받아와야 할 때도 있다.

4 한국 이름이나 한국 주소 등 한국말의 영어 표기의 정보가 포함된 서류를 신청할 때는 정보를 이메일로 보내서 상담교사나 직원이 서류를 만들 때 쉽게 따라 쓰도록 해준다.

5 서류를 발급 받은 후에는 반드시 잘 받았다는 것과 감사하다는 내용을 담은 이메일이나 간단한 감사카드를 보낸다.

상담교사에게 재학증명서를 신청할 때

September 20, 2006

Dear Ms. Anderson,

How are you doing? I would like to ask you to issue a certificate of studentship for Michael. The certificate needs to include name, date of birth, home address and phone number, school information (name and address), statement verifying he is currently attending the school, and a signature or seal. The following is information needed to be included in the certificate.

Name: Michael Munsoo Kim
Grade: 11th Grade
Date of Birth: March 1, 1988
Home Address: 618 Twin Oak Dr. Morgantown, NJ 08000,
Tel>856-286-9816

I would truly appreciate it if the certificate is ready by next Thursday, September 21. If possible, please send it through Michael. Thank you so much for your time and concern. Have a nice day.

Sincerely,
Ji-Young Kim

앤더슨 선생님께

안녕하세요? 저희에게 마이클의 재학증명서를 써주십사 하고 편지합니다. 재학증명서에는 이름, 생일, 집주소와 전화번호, 학교 이름과 주소, 학년, 학생이 지금 학교에 재학 중이라는 말, 그리고 학교장이나 담당자의 사인이 있어야 합니다. 마이클에 관한 정보는 다음과 같습니다.

이름: Michael Munsoo Kim
학년: 11th Grade
생일: March 1, 1988
집주소: 618 Twin Oak Dr. Morgantown, NJ 08000,
전화번호: 856-286-9816

가능하시면 이 증명서를 9월 21일, 다음주 목요일까지 발급해주시면 감사하겠습니다. 괜찮으시면 마이클 편에 보내주세요. 감사합니다. 좋은 하루 보내세요.

김지영 드림

April 18, 2006

Dear Ms. McBride,

I would like to ask you to write a letter of reference for Becky for the summer academic program at the Friend School. We are planning to have Becky take Honors Algebra Preview Course and it is a requirement that we submit Becky's math teacher's letter of reference. I will drop a form with envelop in the main office this afternoon. It is not in a hurry; however, we would appreciate it if you can write it by the end of next week, around April 25th. When it is ready, please either notify me through my e-mail so that I can pick it up or give it to Becky. Thank you so much for your time and concern for this matter. Have a great day.

Sincerely,
Ji-Young Kim

맥브라이드 선생님,

선생님에게 Becky를 위한 추천서를 써 주십사 하고 편지 드립니다. 베키가 이번 여름에 Friend School 에서 개설하는 썸머 프로그램 중 수학과목 수업을 듣고 싶은데 수학선생님의 추천서가 필요합니다. 신청서에 붙어 있는 추천서 양식을 제가 오늘 오후에 학교 사무실에 맡기겠습니다. 추천서는 다음 주 4 월25일 까지 써주시면 감사하겠습니다. 쓰신 후 저에게 이 메일로 알려주시면 제가 가지러 가겠습니다. 아니면 그냥 베키 편에 보내주셔도 됩니다. 감사합니다. 멋진 하루 되십시오.

김지영 드림

April 26, 2006

Dear Ms. McBride,

I would like to let you know that I received the letter of reference you wrote for Becky yesterday. I thank you so much for your time and concern. Have a nice day.

Sincerely,
Ji-Young Kim

맥브라이드 선생님,

어제 선생님께서 써주신 베키를 위한 추천서를 받았습니다. 바쁘실 텐데 써 주셔서 감사 드립니다. 좋은 하루 보내세요.

김지영 드림

125

어느 집단에서나 대인관계를 잘 맺는 사람이
사회생활에 성공할 확률이 높다.
아이와 자주 이야기를 나누고 다른 아이들과
어떤 관계를 맺는지 파악하는 것이 중요하다.

Success Jump 성공 점프

재밌는 파티에 가기 위한 준비

　　미국에서는 중학교 때부터 계절이나 기념일에 따라 일 년에 서너 번 정도 학교에서 댄스파티를 열어준다. 이들 파티는 대개 부모회와 학교가 공동으로 주관하는데 학교가 장소를 제공하고 부모회에서는 음료수와 샌드위치, 피자, 스낵 등을 준비한다. 부모회에 속한 엄마들이나 파티를 위해 따로 모집한 자원봉사 엄마들이 교사와 함께 아이들을 관리한다.

　파티에 참가하려면 부모회에서 파는 3~8달러 정도의 입장권을 사야 한다. 입장권을 판매할 때 학교에서는 파티가 정식파티(Formal Dance Party)인지 약식의 파티(Informal Dance Party)인지 알려준다.

　파티는 모두 다 가야 하는 것이 아니므로 참가하지 않아도 된다. 그러나 아이들에게는 기분전환할 수 있는 건전한 기회가 되므로 친구들과 함께 참가하는 것도 좋다. 한국계 아이들은 이런 문화에 익숙하지 않아서 파티에 참석하지 않는 경우가 많다. 억지로 갈 필요는 없지만 한번쯤 적극적으로 이런 행사에 참여해 보는 것도 다양한 경험을 한다는 면에서 바람직한 일이다.

댄스파티의 종류

1. 10월의 핼러윈 댄스(Halloween Dance)
2. 학교 개교기념일에 열리는 홈 커밍 댄스(Home-Coming Dance)
3. 연말의 홀리데이 댄스(Holiday Dance)
4. 2월의 밸런타인 댄스(Valentine Dance)
5. 학년말의 앤드 오브 이어 댄스(End of Year Dance)
6. 고등학교 졸업생들을 위한 프롬 댄스(Porm Dance)

댄스파티의 복장 예의

1. 정식(Formal)파티인 경우 여자아이들은 드레스(무릎 정도 길이의 치마)를 입는다. 남자아이들은 드레스 팬츠(주로 카키색 면바지)에 드레스 셔츠(한국식으로 말하면 와이셔츠)를 입는다. 넥타이는 해도 되고 안 해도 된다. 신발도 운동화가 아닌 구두나 구두와 비슷한 신발을 신는다.

2. 약식(Informal)파티인 경우 청바지와 티셔츠, 운동화 등 보통 학교 다닐 때 입는 옷이면 된다.

3. 여자아이들의 드레스는 학생용(Junior) 드레스만 전문으로 파는 가게나 백화점에서 30달러 정도에 살 수 있다.

4. 학교에 따라 여자아이들 드레스의 어깨끈이 어느 정도 이상 넓어야 하는지에 대한 규칙이 있으므로 학년 초에 나누어 준 학생과 부모를 위한 안내서(Student/Parent Handbook)를 참고한다.

5. 핼러윈 파티에는 예쁜 옷을 입는 것이 아니라 특별한 인물이나 동물, 또는 식물 모양의 재미있는 복장을 한다. 원래는 귀신, 마녀, 악마 등의 무서운 복장을 하고 서로를 놀라게 하는 것이 핼러윈 파티의 특징이었으나, 최근 들어 특이하고 재미있는 복장을 하고 노는 파티로 바뀌고 있다. 학교에 따라 가장 창의적인 복장을 한 아이에게 상을 주기도 한다.

1 가급적 혼자 가지 말고 친한 친구끼리 함께 간다. 꼭 다른 성(性)이 아니어도 된다.

2 음료수는 새로운 캔이나 병의 것을 자기가 직접 열어서 마시고, 남은 것을 두고 자리를 비웠다가 다시 와서 마시지 않는다. 그리고 잘 모르는 사람이 주는 음료수는 절대 마시지 않는다.

혹시 나쁜 아이들이 있어 마약을 넣는 경우가 있으므로 반드시 주의해야 한다.

3 댄스가 끝나는 시간에 부모가 정해진 장소로 데리러 간다.

파티는 항상 제 시간에 끝난다. 그리고 파티가 끝난 후 부모가 늦게 오면 그때까지 교사가 함께 기다려주게 되어 있다. 교사에게 피해를 주지 않으려면 반드시 제 시간에 데리러 가야 한다.

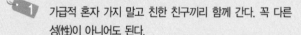

고등학교 졸업학년 학생들을 위한 프롬(Prom) 파티

1 대부분의 아이들에게 학창시절의 가장 아름다운 추억으로 남는 중요한 행사이다.

2 학교가 아닌 호텔이나 컨벤션 센터 등의 연회장을 빌려서 하므로 정식파티용 복장을 해야 한다.

3 다른 파티와 마찬가지로 부모회에서 계획하고 준비한다. 그래서 아이들을 관리하는 것도 부모가 한다. 그러나 재미있는 것은 파티에 참여하는 아이의 부모는 이 일을 할 수 없다.

남자아이가 준비할 것과 예의
- 파티용 정장(Tuxedo)을 입는다.
- 프롬파티는 규모가 크므로 티켓이 100달러 이상으로 비싼 편이지만 남자가 여자 파트너의 티켓을 구입하는 것이 관례이다.
- 남자아이는 프롬파티에 타고 갈 자동차를 준비해야 하고, 여자 파트너의 코사지(Corsage: 손목에 두르는 작은 꽃다발)를 준비한다.
- 파티가 끝난 후 친한 친구들끼리 어느 한 집에 모여 새벽까지 노는 경우에는 필요한 비용도 부담한다.

여자아이가 준비할 것과 예의
- 정식파티용 드레스를 입어야 한다. ⇒ 길이가 길며 화려한 드레스를 입으므로 200달러 정도를 주어야 구입할 수 있다.
- 드레스에 맞는 구두를 신는다.
- 남자 파트너의 턱시도에 꽂을 꽃을 준비한다.

파티는 대개 부모회와 학교가 공동으로 주관하는데 학교가 장소를 제공하고 부모회에서는 음료수와 샌드위치, 피자, 스낵 등을 준비한다.

아이들에게는 기분전환할 수 있는 건전한 기회가 되므로 친구들과 함께 참가하는 것도 좋다.

66 친구 사귀기 99

어느 집단에서나 대인관계를 잘 맺는 사람이 있는가 하면 그렇지 못한 사람도 있다. 아이들의 사회에 있어서도 인기가 있는 아이와 그렇지 않은 아이가 있는데 이는 한국에서나 미국에서나 다 마찬가지다. 모든 아이들이 다 인기 있는 아이가 될 수는 없지만 적어도 몇몇의 친구가 있는 정도의 원만한 대인관계를 맺고 유지하며 살아갈 수는 있어야 한다.

Make a
Friend

문화가 다른 미국에서 한국 아이들이 얼굴과 피부색이 다른 친구를 사귀는 것은 결코 쉬운 일은 아니다. 그리고 친구를 사귀는 일은 부모가 나서서 도와준다고 해서 뜻대로 되는 것도 아니다. 그러나 부모나 교사가 아이의 사회생활에 관심을 갖고 지켜보고, 아이와 자주 이야기를 나누어 다른 아이들과 어떤 관계를 맺는지 파악한 후 적절한 도움을 준다면 많은 도움이 될 수 있다.

부모나 교사의 적절한 도움

[초등학생의 경우]

1 초등학생의 경우 처음 학교를 간 후 2~3주 동안 아이에게 학교생활에 대해 물어본다.

친구나 짝에 대해서 물어보고 특별한 일은 없었는지 물어본다.

2 놀림을 당했다거나 학교에 가기 싫다고 하면 교사와 상담을 한다.

교사가 학교에서 아이를 눈여겨보았다가 친구 만드는 것을 도와줄 수 있다.

3 아이가 놀고 싶어 하는 친구들을 집으로 초대하도록 한다.

아이가 친구와 노는 모습을 관찰할 수 있어서 필요한 경우 적절한 도움을 줄 수 있는 방법을 알게 된다. 또 아이들 입장에서는 학교가 아닌 집에서 친구와 함께 시간을 보냄으로써 자기들만의 새로운 경험도 공유할 수 있고, 친밀감을 더 느낄 수 있어 쉽게 친해 질 수 있다.

4 내성적인 아이라서 놀이에 끼어드는 기술이 없다거나 아이들의 주의를 끌지 못할 경우

부모나 교사가 이러한 기술을 가르쳐준다. 배운 기술을 실행해보도록 기회를 만들어주며 격려해준다.

5 아이가 친구와 좀 더 많은 경험을 공유하도록 적극적으로 기회를 만들어준다.

공연장을 가거나 과수원 등에 갈 때 아이 친구들을 초대하도록 한다. 이런 경험들을 통해 아이들은 더 친해질 수 있다.

이런 친구는 미국에서도 인기 짱!!

- 친구를 존중하고 늘 정직하며 겸손하고 감사할 줄 아는 아이.

- 책임감이 있으며 늘 공정하게 생각하고 행동하는 아이.

- 친구의 말을 귀담아 들어주고 적절한 때에 양보할 줄 아는 아이.

- 자신의 느낌을 건전한 방법으로 표현하고 친구들 간에 갈등이 있을 때 잘 풀어주는 아이.

- 집단활동에 적극적으로 참여하고 예절 바르게 행동하는 아이.

- 약한 친구를 도와주고 상황에 맞게 대처하는 아이.

미국의 즐거운 파티

퍼트럭 파티

퍼트럭 파티Potluck Party는 참석자가 개인단위나 가족단위로 각각 음식을 한두 가지씩 해 와서 함께 나누어 먹고 노는 미국 특유의 파티이다. 대개 파티를 주관하는 사람이 음식이 중복되지 않도록 미리 조정을 하기도 하지만 그렇지 않은 경우 어떤 종류의 음식을 해가면 좋을지 물어보는 것도 좋다.

어린아이의 생일파티

미국에서는 나이에 관계없이 집으로 친구들을 초대하는 것이 가장 보편적인 유형의 생일파티이다. 생일을 맞은 아이는 반드시 사전에 초대장을 보내고, 초대를 받은 아이들은 참석 여부를 알려주어야 한다. 대개 초등학교 저학년의 경우 아이와 엄마를 함께 초대하는 경우도 있다. 초등학교 고학년 이상이라면 집에서 간단히 피자나 치킨 등으로 식사를 하거나 케이크를 먹고 모두 함께 영화를 보러 가기도 하고, Sleep Over를 하기도 한다.

1 경우에 따라 생일파티를 집이 아닌 다른 곳에서 열기도 하는데 한국에서처럼 맥도날드 같은 패스트푸드 레스토랑으로 초대하는 경우는 거의 없다. 대신 지역마다 아이들 생일파티를 해주는 가족 레스토랑들이 있어 보통 유치원이나 1~2학년의 아이들은 이런 곳에서 생일파티를 하기도 한다.

2 초등학교 3~4학년 이상의 경우 집 밖에서 생일파티를 할 때에는 레스토랑보다는 수영장, 볼링장, 스케이트장, 미니 골프장 등을 이용한다. 보통 이런 곳에는 생일파티를 하기 위한 방들이 있어 부모가 준비해온 생일 케이크와 간식을 먹고 수영이나 볼링, 미니 골프를 하거나 스케이트를 탄다. 이외에도 공예품을 만드는 재료를 파는 공예품 재료점 (예: 에이씨 무어, 조앤 아트 앤드 크래프트, 마이클스 등)에서도 생일파티를 하는데, 스포츠 센터와 마찬가지로 준비된 방에서 케이크와 음료수를 먹은 후 초대 받은 아이들이 미술 공예품을 한 가지씩 만든다. 대개 이런 곳에는 연령별로 생일파티 프로그램이 마련되어 있으므로 전화로 문의하여 적절한 내용을 선택할 수 있다.

3 초등학교 저학년의 경우 아이의 생일에 부모가 반 아이들이 다 먹을 수 있을 만큼의 컵 케이크나 쿠키를 구워 음료수와 함께 학교에 보낼 수도 있다. 그러면 학교에서는 간식시간에 교사가 누구누구의 생일이라 반 아이들에게 알려주고 아이들은 간단히 축하한다는 말을 하며 함께 준비해 온 간식을 먹는다. 단 학교에 따라 이를 허용하지 않는 곳도 있으므로 반드시 사전에 교사에게 문의하는 것이 좋다.

아이가 운전면허를 따기 전에 부모가 해야 할 품앗이

한국에서는 아이들이 친구와 함께 버스나 지하철을 타고 쇼핑을 간다거나 영화관을 가기도 한다. 그러나 미국에서는 아이들이 스스로 운전면허를 따서 운전을 하기 전에는 혼자서 마음대로 다닐 수 없다. 집에서 가까운 곳이라면 자전거를 타고 가기는 하지만 대부분의 상가는 집에서 멀리 떨어져 있다.

아이들이 쇼핑을 가거나, 방과 후 특별활동에 참여하거나, 방과 후에 한 아이의 집에 모여서 숙제를 해야 할 경우에 부모가 데리고 오고 가야 한다. 미국에서는 이를 Ride를 준다, 또는 Ride를 받는다고 한다.

미국의 부모들 특히 부모가 모두 직장을 가진 경우에 아이들에게 Ride를 주는 것은 매우 수고스러운 일이다. 그래서 미국의 부모들은 다른 부모들과 협력하여 Ride를 나누어 주는 것으로 이 문제를 해결한다. 한국식으로 하면 품앗이를 하는 것이다. 대개 집 가까이 살거나, 아이들이나 부모들끼리 친하거나, 같은 종류의 운동 활동을 하거나, 숙제를 함께 해야 하는 경우 서로 믿고 Ride를 나누게 된다.

　Ride를 주고받는 것을 대수롭지 않게 여길 수도 있으나 여러 가지 사고의 가능성이 있으므로 믿을 수 없는 부모일 경우 Ride를 나누지 말아야 한다. 어떤 부모는 술을 마시고 아이들에게 Ride를 주다가 다른 부모에게 알려져 Ride를 나누지 못하게 된 경우도 있다.

아이들이 어디를 가거나 방과 후 활동이나
방과 후에 한 아이의 집에 모여서 숙제를 해야 할
경우에 부모가 데리고 오고 가야 한다. 미국에서는
이를 Ride를 준다, 또는 Ride를 받는다고 한다.
한국식으로 하면 품앗이이다.

Ride를 주거나 받을 때의 예의와 규칙

1 적법한 자동차 보험에 가입하고 있어야 한다.
사고가 발생했을 때 적절한 보상을 받기 위해 변호사를 고용하여 고소하는 경향이 있으므로(한국의 경우처럼 친하니까 그냥 넘어가자는 식은 통하지 않는다) 반드시 필요하다.

2 Ride를 나눌 때는 다른 아이들의 부모가 어떤 사람인지 알아본다.
자동차에서 담배를 심하게 피우거나, 시간 약속을 잘 지키지 않는다거나, 아이를 약속한 장소에 내려주지 않거나, 데리고 오는 길에 자기 볼일을 보는 등의 행동을 하는 부모는 믿을 수 없는 부모에 속한다.

3 Ride를 주는 차례가 되면 목적지까지의 거리와 소요되는 시간을 미리 파악하고 충분한 시간을 두고 떠나야 한다. Ride를 나누는 아이들 집을 미리 알아두거나 네비게이터를 사용하거나 인터넷에서 지도와 운전지침을 받아 참고한다.

4 아이들을 데리러 갈 때 처음 가는 집이면 차에서 내려서 그 아이 부모와 인사를 나누고 아이를 차에 태운다.

5 가까운 거리를 가더라도 아이들이 반드시 안전벨트를 하게 한다. 자연스럽게 "Hi"라고 한 다음 떠나면서 "Did everybody fasten seatbelt?(모두 안전띠 맸니?)."라고 물어 상기시켜 주는 것도 좋은 방법이다.

6 아이를 데려다 줄 때 처음 가는 집이라면 그 아이를 현관까지 바래다주거나 아이가 집안으로 안전하게 들어간 것을 확인하고 출발해야 한다.

7 Ride를 주는 차 안에서 아이들이 심하게 떠들면 반드시 주의를 주어야 한다. 조용하고 분명한 목소리로 "Hey guys, Would you be quiet please? I cannot concentrate on driving(얘들아 좀 조용히 해줄래? 운전을 할 수가 없구나)."라고 한다. 그렇지 않으면 아이들이 이 차를 타면 마음대로 해도 된다고 생각할 수 있다.

8 Ride를 받을 때는 차가 오는 지 지켜보고 있다가 차가 오면 바로 나가서 타야 시간을 절약할 수 있다.

9 Ride를 받아 차를 탔을 때는 Ride를 주는 부모에게 반드시 인사하게 한다. 예를 들어 "Hi, Mr Smith"라고만 해도 충분하다.

10 Ride를 나눌 때는 공정해야 하며 Ride를 주기로 했을 때는 부득이한 경우가 아니면 계획을 바꾸지 말아야 한다. 갑자기 사정이 생겨서 Ride를 줄 수가 없다고 하면 다른 부모들이 낭패를 보게 된다.

11 부득이한 사정으로 Ride를 주는 날을 바꿔야 할 경우에는 다른 부모들에게 가능한 빨리 연락하여 양해를 구한다.

12 Ride를 나누는 것에 대해 계획하고 의논할 때는 내가 줄 수 있는 날과 없는 날을 분명히 말한다. 모두의 형편이 안 될 때는 돌아가면서 자기를 희생하고 Ride를 주어야 한다.

13 Ride의 진행일정표가 짜이면 달력에 적어두어 잊지 않도록 한다.

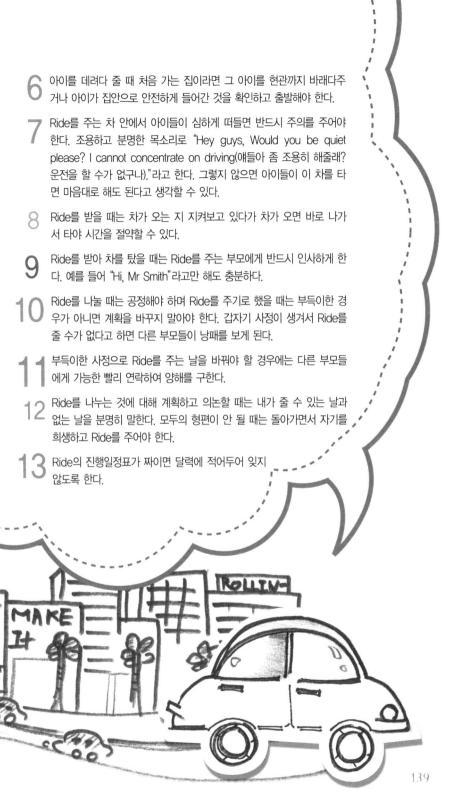

라이드를 협의할 때

Mom:	Hi, Mrs. Feldon. This is Ji-Young Kim, Hana's mom.
Yvonne (Sam's mom):	Oh, hi. This is Yvonne, Sam's mom. I have heard so many things about your daughter. She is such a fine girl.
Mom:	Thanks. You have a wonderful daughter, too.
Yvonne:	Thanks.
Mom:	I heard from Hana that Sam is also playing Future's Filed Hockey this year. So I was wondering if we can share ride for that.
Yvonne:	Sure. Let's see. I have the schedule in front of me. They have to play almost every Saturday morning for the whole semester, starting from next week.
Mom:	Uh, huh.
Yvonne:	How would you like to share? Should we take alternate turns, say I give them next week, and you give them the following week, like that?
Mom:	That will work for me.
Yvonne:	Great. But I may not be able to give rides on some weeks when my son, Nick, plays baseball. You know, sometimes the schedule overlaps.
Mom:	No problem. I might not be able to do for a few weeks either. We can be flexible and talk in advance so that one of us can arrange the ride.
Yvonne:	Okay. Then I'll give Hana a ride next Saturday.
Mom:	Sounds good. I will mark my turns on calendar.
Yvonne:	That's good idea.
Mom:	Let me know when your schedules conflict and we need to switch our turns.
Yvonne:	Same to you.
Mom:	Okay. All set. It was nice talking to you.
Yvonne:	Same here. See you next week.
Mom:	See you then. Bye.

I heard from Hana that Sam is also playing Future's Filed Hockey this year. So I was wondering if we can share ride for that.

엄마:	안녕하세요 펠던 부인, 하나 엄마 김지영이라 합니다.
샘의 엄마:	아, 안녕하세요. 저는 이반이라 합니다. 샘의 엄마입니다. 하나에 대해서 참 많이 들었습니다. 아주 좋은 아이인 것 같아요.
엄마:	감사합니다. 샘도 참 좋은 아이인 것 같은데요.
샘의 엄마:	감사합니다.
엄마:	하나가 그러는데 샘도 이번에 필드하키 한다면서요? 그래서 말인데 서로 나누어 아이들을 데리고 오가면 어떨까요?
샘의 엄마:	네, 그러죠. 음, 지금 스케줄을 보고 있는데요. 다음 주 토요일부터 다음 학기의 거의 모든 토요일 아침에 연습이 있군요.
엄마:	그러게요.
샘의 엄마:	어떻게 나눌까요? 한 주씩 나눠서 줄까요? 한 주는 내가 주고, 그 다음 주는 하나 엄마가 주고. 그렇게 할까요?
엄마:	그게 좋겠네요.
샘의 엄마:	잘됐네요. 그런데 제가 어떤 토요일에는 못 줄 수도 있어요. 우리 아들이 야구를 시작하면 스케줄이 겹칠 수가 있어서요.
엄마:	걱정 마세요. 저도 마찬가지예요. 그럴 땐 미리 서로 얘기해서 우리 둘 중 한 명이 꼭 줄 수 있게 하면 되겠네요.
샘의 엄마:	그러죠. 그럼 제가 하나를 다음 주 토요일에 Ride 줄게요.
엄마:	좋아요. 전 제가 Ride 줘야 할 주를 달력에 표시하죠.
샘의 엄마:	좋은 생각이네요.
엄마:	그리고, 만약 못 주실 경우엔 저에게 알려주세요. 그럼 우리가 그냥 한 주씩 바꾸면 되니까.
샘의 엄마:	그쪽도 말해주세요.
엄마:	네, 그럼 이제 다 정해졌네요. 이야기해서 반가왔어요..
샘의 엄마:	저도요. 다음 주에 뵙지요.
엄마:	네, 그러죠. 안녕히 계세요.

친구의 집에서 자는
새로운 경험

미국의 아이들은 초등학교 고학년이 되면 친한 친구끼리 주말 저녁에 친구 집에 가서 자고 다음 날 아침에 돌아오는 Sleep Over를 시작한다. 이런 경험을 통해 아이들은 더 친해질 수 있고 다른 가정의 문화와 예절도 익힐 수 있다.

한국에서는 이러한 경우에 부모가 해야 할 일이 별로 없지만 미국에서는 부모가 해주어야 할 일이 많다. Sleep Over 계획은 아이들이 시작하지만 반드시 부모의 허락과 협조가 있어야 한다. 부모들끼리 전화해서 Sleep Over를 허락하는지 확인하고, 부모가 해줄 수 있는 것과 없는 것의 한계를 아이와 의논한다. 부모의 이런 역할이 아이들에게 Sleep Over가 재미있고 뜻있는 경험이 되게 해줄 수 있다.

부모의 역할

1 가서 자게 되는 집(Host 하는 집) 아이의 부모에게 전화해서 초대해주어서 고맙다는 말과 함께 몇 시에 데려다 주고, 다음 날 몇 시에 데리러 가면 좋은지 물어본다.

2 처음 가는 집이라면 아이가 특정한 음식에 알레르기가 있다든지, 다음 날 가족 행사가 있어서 너무 늦게 자면 안 된다든지 등을 부탁한다.

3 특별히 준비해야 하는 것이 있는지 물어보고 있다면 준비해 준다.

Sleep Over를 보낼 때

1 세면도구, 잠옷, 침낭과 베개, 여벌의 옷 등을 챙겨 보낸다.

2 반드시 약속한 시간에 데려다 주고 약속된 시간에 데리러 간다. 데리러 갔을 때는 호스트해준 부모와 아이를 만나 고마웠다는 인사를 한다.

3 남의 집에 가서 주의할 점을 일러주고 미국인 가정으로 보낼 때는 문화적 차이로 다른 점이 있다는 것을 일러준다.

호스트한 집에서 지낼 때 주의할 일

1 호스트한 친구가 들어가도 좋다고 한 곳에만 들어간다.

2 너무 떠들거나 이리저리 돌아다니지 않는다.

3 꼭 필요한 것이 있으면 친구나 그 부모에게 말한다. 특히 그 집에서 기르는 개나 고양이가 무섭다거나 할 때는 반드시 말해야 한다.

집에서 아이들을 호스트할 때

1. 초대한 부모가 전화를 하면 초대에 응해주어서 고맙다고 인사한다.

2. 몇 시에 데려다 주고 몇 시에 데리러 오라고 정확하게 말한다.

3. 저녁식사와 다음날 아침식사의 메뉴를 알려주고 아이가 먹으면 안 되는 음식이 있는지 묻는다.

4. 몇 시에 재워야 하며 특별히 주의해야 할 점이 있는지 묻는다.

5. 집에서 기르는 동물이 있다면 어떤 동물이 있는데 괜찮겠는지 물어본다. 동물의 털에 알레르기가 있는 아이들이 많이 있다.

6. 아이에게 친구가 오면 무엇을 하고 놀 것인지 계획하게 한다.

7. 친구가 왔을 때 깨끗이 치워야 한다는 예의를 가르치기 위해 아이와 힘께 청소 계획을 세운다. 아이에게 청소의 일부를 맡기는 것도 책임감을 키울 수 있는 좋은 기회가 된다.

8. 아이가 오면 반갑게 맞고 이름을 물어보며 재미있게 놀라고 말해준다. 만약 할아버지나 할머니가 계시면 어른들에게 인사하게 한다.

9. 아이에게 조심해야 하는 점이나 주의해야 할 것에 대해 말해준다.

10. 아이들만 집에 남겨두고 나가면 안 된다. 위험한 장난이나 알콜이 포함된 음료수를 먹을 수 있으므로 주의 깊게 지켜보아야 한다.

11. 아이들이 놀다가 영화관이나 쇼핑몰 등에 가려고 할 때는 부모에게 전화를 걸어 허락을 받는다. 아이들이 여러 명일 경우 한 부모라도 허락하지 않으면 데리고 나가지 않는다. 부모에게 연락이 되지 않을 경우에도 마찬가지다.

미국에서
통화하기
(전화예절)

자녀의 친구를 초대하거나 그외 여러 가지 사정으로 전화통화를 할 때 우리나라 사람들끼리라면 몰라도 미국인이나 다른 외국인에게는 급한 일을 제외하고 밤 8시 이후에는 전화하지 않는 것이 원칙이다. 또한 국내, 국외를 막론하고 걸었을 때 벨이 6~7번 울려도 상대방이 받지 않을 때는 끊고 잠시 후에 다시 하는 것이 기본적인 예의이다.

전화 거는 방법

 가정에서 통화할 경우

시내 통화(Local Call)
국번을 빼고 다이얼을 돌린다.(123) 456-7890로 걸 경우는 456-7890을 돌린다.

장거리 통화(Long Distance Call)
지역에 따라 장거리 전화를 걸 경우 국번 앞에 1을 누른다. (123) 456-7890로 걸 경우 1 - (123) 456-7890
거는 방법을 잘 모를 때는 0번을 눌러서 교환원을 부른다.

국제 전화(International Call)
한국으로 거는 경우 02)123-4567로 걸 경우
011-82-2-123-4567 (82 : 한국의 국가번호, 2 : 한국 내 지역번호의 첫 자리에 오는 숫자 0은 제외)

컬렉트 콜(Collect Call)
0번을 눌러 교환원은 불러서 상대방의 번호를 말한다(미국 내에도 마찬가지). 한국으로 할 경우 "Collect Calll to Korea, please"라고 말하고 나서 상대방의 번호를 알려주면 된다.

2 공중전화로 통화할 경우

표시된 금액만큼 동전을 넣고 다이얼을 돌린다.
시내 통화라도 지역에 따라 시간 제한이 있다. 장거리 통화의 경우 동전을 넣고, 우선 1을 누른다. 그러면 투입한 동전이 다시 나오고, 전화기에는 통화 요금과 시간을 알려주므로 지시에 따라 추가 동전을 넣는다. 미리 동전을 많이 준비해 두자.
컬렉트 콜을 이용하려면 0번을 눌러서 교환원에게 부탁한다.
경찰서, 소방서, 구급차는 911. 동전 없이 걸 수 있다.

-미국유학닷컴-

Sleep Over 다음 날 아이를 데리러 갔을 때

초인종을 누르고 Linda의 아빠 Max가 나왔을 때

Father: Hi, I am Min-Ho, Hana's Dad (악수를 요청해도 좋다).

Max (Linda의 아빠): Oh, hi. I am Max, Linda's Dad. Let me tell them you are here. Linda, Hana's dad is here.

Father: (기다리는 동안) Thank you for having her over. I hope she didn't bother you.

Max: Oh, not at all. All girls really behaved. They were kind of quiet.

Father: Were they? Did they go to bed early, too?

Max: Well, I guess they went to bed around midnight, which is not so bad.

Father: Good.

Max: Here they come.

Father: Hi, Hana. Hi, Linda

Hana: Hi, Dad.

Linda: Hi, Mr. Kim.

Father: (Linda와 Hana에게) Did you have good times?

Linda: Yes. We had a fun.

Father: Great.

Hana: (Max에게) Thanks for having me over. (Linda에게) See you at the school.

Linda: See you.

Max: Bye.

Father, Hana: Bye.

아빠 : 안녕하세요? 하나 아빠 김민호입니다 (악수를 요청해도 좋습니다).

맥스 : 아, 안녕하세요? 린다 아빠 맥스예요. 오셨다고 아이들에게 말하죠. 린다야, 하나 아버지께서
　　　오셨다.

아빠 : (기다리는 동안) 하나를 초대해주셔서 감사합니다. 너무 귀찮게 하지 않았는지요.

맥스 : 아니에요. 아이들이 모두 예의가 바르던걸요. 아주 조용했어요.

아빠 : 그랬나요? 어제 밤에는 일찍 잤나요?

맥스 : 음, 아마 12시쯤 잔 것 같아요. 그 정도면 준수하죠.

아빠 : 그렇군요.

맥스 : 아이들이 오는군요.

아빠 : 하나야, 안녕. 린다, 안녕.

하나 : 아빠, 안녕.

린다 : 안녕하세요?

아빠 (Linda와 Hana에게): 재미있었니?

린다 : 네, 재미있었어요.

아빠 : 잘되었구나.

하나 : (Max에게) 초대해주셔서 감사합니다. (Linda에게) 학교에서 만나자.

린다 : 그래.

맥스 : 안녕히 가세요.

아빠, 하나 : 안녕히 계세요.

Sleep Over 다음 날 친구 부모가 아이를 데리러 왔을 때

Mother: (문을 열어주며) Hi, Joanne. Come on in.

Joanne: Hi, Ji-Young.

Mother: They just had a breakfast. I think David is setting his stuff together.

Joanne: Thank you for having him over.

Mother: It was our pleasure to have him. He is such a polite and nice young man.

Joanne: Thanks.

Mother: They played basket ball and watched a movie last night. I think they went to bed around 1:00AM and got up around 8:00AM.

Joanne: Good.

Mother: Here they come.

Joanne: (David에게) Did you thank Mrs. Kim?

David: Thank you for having me over.

Mother: Sure. It was nice to have you.

Joanne: (Michael에게) Did you guys have a good time together?

Michael: Yeah.

Joanne: Okay. Let's go. We have to visit grandma's house this afternoon.

Mother: Have a nice day.

Joanne: You, too. Thanks again.

Mother, Michael: Bye.

Joanne, David: Bye.

Did you guys have a good time together?

엄마: (문을 열어주며) 조앤, 어서 오세요..

Joanne: 안녕하세요?

엄마: 이제 막 아이들이 아침을 먹었어요. 데이비드는 아마 짐을 정리하고 있나 봐요.

Joanne: 초대해주셔서 감사합니다.

엄마: 언제든지요. 데이비드는 참으로 예의 바르고 착한 아이에요.

Joanne: 고마워요.

엄마: 어제 저녁에는 영화도 보고 농구도 했어요. 아마 새벽 1시쯤 잔 것 같고 아침에는 8시에 일어 났어요.

Joanne: 잘했군요.

엄마: 저기 오네요.

Joanne: (David에게) 김 부인께 감사하다고 했니?

David: 초대해주셔서 감사합니다.

엄마: 천만에. 언제나 환영이란다.

Joanne: (Michael에게) 재미있게 놀았니?

Michael: 네.

Joanne: 잘했구나. 이제 가자. 할머니 댁에 가야 해.

엄마: 좋은 하루 보내세요.

Joanne: 좋은 하루 보내세요, 그리고 고마워요.

엄마, Michael: 안녕히 가세요.

Joanne, David: 안녕히 계세요.

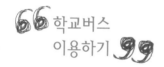

66 학교버스 이용하기 99

　　수십 대의 노란 학교버스가 줄을 지어 들어와 차례로 아이들을 학교에 내려놓는 모습이나, 학교버스가 길에서 멈추고 빨간 불을 깜박이면 뒤를 따르던 차들은 물론이고 맞은 편 방향에서 오던 차들도 다 멈추어 서서 아이들이 안전하게 길을 건널 때까지 기다리는 모습은 미국에서만 볼 수 있는 감동스러운 광경인 것 같다.

　　노란색 학교버스는 미국 공립학교 교육을 가능하게 하는 원동력이라 할 수 있다. 어느 학교를 다니거나 어디서 살거나 학교버스는 모두가 사용하는 것이므로 법규에 의해 그 운영방법이 정해져 있고 교육청에서 이를 관리한다. 따라서 부모들은 학교버스를 적절히 사용할 수 있도록 여러 가지 사항을 알아 두어야 한다.

학교버스를 이용하기 위해서 알아야 할 것들!

● 학교버스는 각 지역의 지형적 특성에 따라 차이가 있다.

  유치원~4학년까지는 1Miles 이상인 곳, 5~8학년까지는 1.75 Miles 이상인 곳, 9~12학년까지는 2Miles 이상인 곳에만 버스를 운행한다.

● 학교버스를 타고 내리는 시간 및 장소, 학교버스의 번호를 아이가 기억하도록 한다.

● 기상일기의 악조건으로 등교시간이 늦어지면 학교버스를 타는 시간도 그만큼 늦어진다. 그러나 집에 돌아오는 시간은 같다.

● 여러 가지의 방과 후 활동에 참여하는 학생은 방과 후 특정한 시간에 운행하는 버스(Late Bus)의 운행시간과 노선을 알아둔다.

  Late Bus를 이용해야 할 경우 미리 학교 사무실에 문의하여 이용한다.

● 집에 돌아오는 길에 다른 곳에 내려야 할 경우 부모가 편지를 써서 사인을 하고 이를 등교할 때 버스 운전자에게 주거나, 학교 사무실 또는 담임교사에게 제출해야 한다. 정확히 누구에게 제출하는지는 학교마다 다르므로 Main Office에

문의한다.

● 학교버스 운영에 대한 질문이나 건의사항은 해당 지역 교
육청의 학교버스 담당과에 묻는다.

아이가 오랫동안 목발을 짚고 다닌다거나 정당한 사유가 있을 때
에는 아이를 가능한 한 집에서 가까운 곳에서 학교버스를 타고 내
리게 해달라고 이 부서에 편지를 보내 부탁할 수 있다. 이 경우 의
사의 소견서나 진단서를 첨부해야 한다.

● 학교버스 안에서 아이에게 피해를 주거나 나쁜 영향을 주
는 일이 발생할 경우 참거나 숨기지 말고 교사와 상담해서
해결 방안을 찾는다.

아이의 정서와 학교생활에 영향을 줄 수 있으므로 버스를 타지 않
게 하거나 앞쪽에 친구와 함께 앉도록 한다.

● 부모가 학교버스 운전기사와 알고 지내도록 한다.

지역
도서관의 이용

미국에서는 어느 곳에나 그 지역의 도서관이 있고
대부분의 미국 사람들은 이 도서관을 애용한다. 대개 월요일부터 토
요일까지 개관하는 도서관에는 누구나 들어가서 책을 보거나 컴퓨터
를 이용할 수 있으며, 도서관 카드 (Library Card)를 만들면 책이나
비디오 테이프, 음악이나 영화 CD들을 무료로 대출 받을 수 있다.
Library Card는 운전면허증, 집주소가 명기된 전세 또는 월세계약서,
집주소가 명기된 재산세나 소득세 영수증, 집주소가 명기된 전기나 수
도요금 영수증 등이 있으면 누구나 만들 수 있다 (대개 전화요금 영수
증은 인정하지 않는다). 대부분의 도서관에서는 그 지역에 사는 주민
들의 경우 3~5년에 한 번씩 대출증을 재발급 받도록 하고 있다.

빌린 책이나 CD 등은 제날짜에 반납하거나 전화를 통해 반
납 날짜를 연기해야 하며, 제날짜에 반납하지 못한 경우 늦게라도 벌
금과 함께 반드시 반납하여야 한다. 일요일이나 공휴일 등에 책을 반
납해야 하는 경우 도서관 바깥에 설치되어 있는 반납상자나 반납구
를 이용하여 반납한다.

최근에는 도서관들이 인터넷으로 도서목록을 열람하거나 대
출기간을 연장할 수 있어 이용하기가 훨씬 편리해지고 있다. 또 아이
들을 위해 연령별이나 학년별로 적절한 책을 소개하고 아이들에게
유용한 인터넷 사이트들도 소개하는 등 인터넷을 통한 다양한 정보
를 제공하고 있다.

개학을 앞둔 아이들의
마음을 잡아주는 쇼핑

　　미국에서는 8월 중순에서 9월쯤에 새 학
년이 시작되어 5월 말에서 6월 중순쯤에 학년이 끝
난다. 긴 여름 방학을 보낸 아이들에게 있어 다시 학교에 가는 것은
한편 기다려지는 일이기도 하지만 한편 달갑지 않은 일이기도 하다. 아
이들이 새 학년이 되어 빨리 학교에 가고 싶다는 마음이 들도록 도와주
는 것이 개학쇼핑(Back to the School Shopping)이다. 말 그대로 학
교로 돌아가기 위한 쇼핑으로 새 학년 새 학기에 입을 옷과 신발, 학용
품 등을 준비하는 쇼핑이다.

　미국의 공립학교에서는 초등학생은 물론 중고등학생도 교복을 입지
않는다. 학교의 복장규정에서 허용하는 옷을 자유로이 입고 다닌다. 아
이들의 개성은 존중하는 사회이므로 옷을 입는 것에도 한국보다 많은
것을 허용한다.
　그러나 학생으로서의 몸가짐이나 학습환경을 해칠 수 있다고 판단

되는 옷은 학교에 입고 오지 못하게 교칙에 명기되어 있다. 이것을 지키지 않았을 경우 교사는 아이의 복장을 수정하게 하거나, 심한 경우 집으로 돌려보내 옷을 바꿔 입고 오라는 지시를 할 수 있다. 또 부모에게 전화를 걸어 옷을 가져오라고 할 수도 있으므로 복장에 주의해야 한다.

학용품은 학교가 시작된 후 모든 과목들의 첫 수업을 받은 후에 산다. 한 학년 동안 필요한 것들을 첫 수업 시간에 말해주기 때문이다. 학기 초에 구입해야 할 학용품들은 학년에 따라 다르고 교사마다 허용하는 것이 다르므로 교사의 지시에 따라 구입하는 것이 좋다.

학용품에 대한 규정

1 초등학생용 학용품

칸이 넓은 공책(Wide Ruled Notebook), 넓은 줄이 그어진 종이(Wide Ruled Loose Leaf Papers), 포켓이 달린 폴더, 연필, 크레용이나 색 사인펜이나 매직(Marker), 가위, 풀, 지우개, 펜, 링이 세 개 달린 바인더 등이 필요하다. 교사에 따라 샤프펜슬(Mechanical Pencil이라고 함)은 쓰지 못하게 하는 경우도 있다.

2 중·고등학생용 학용품

칸이 좁은 노트(College Ruled Notebook), 여러 가지 두께의 바인더와 바인더에 끼워서 Section을 나누는데 쓰는 디바이더, 칸이 좁은 줄이 그어진 종이(College Ruled Loose Leaf Paper), 펜, 삼각자, 컴퍼스, 샤프펜슬, 지우개, 색사인펜이나 매직, 다양한 종류의 폴더들, 계산기(수학시간에 계산기 사용을 권장한다) 등이 필요하다.

※고등학생일 경우 아이의 능력에 따라 높은 수준의 수학과목을 택한다면 조금 비싸더라도 Graphing 등 여러 가지 기능이 있는 좋은 계산기를 사 주는 것이 좋다.

복장에 대한 규정

1. 깨끗하고 단정한 옷을 입는다.

2. 몸의 중간 부분이 드러나는 옷은 입을 수 없다.

3. 속이 비치는 옷이나 어깨나 등이 드러나는 옷은 입을 수 없다.

4. 어깨에 끈이 달린 셔츠나 치마의 경우 끈 넓이가 2인치(약 5.2cm) 이상이어야 한다.

5. 반바지는 가랑이의 길이가 6인치(15.6cm) 이상이어야 하고, 미니스커트는 차려 자세로 두 팔을 늘어뜨리고 섰을 때 가장 긴 손가락의 끝이 닿는 곳까지 내려와야 한다. 너무 짧은 옷을 입고 적발된 경우 교사는 그 자리에서 단을 따서 내려 입으라든지, 체육복으로 바꿔 입으라는 명령을 할 수 있다.

6. 속옷이나 잠옷은 입을 수 없으며 속옷이 눈에 보여서도 안 된다.

7. 너무 큰 옷을 입어도 안 된다.

8. 저속한 또는 외설적인 내용의 그림이나 문구가 있는 옷을 입을 수 없다.

9. 학교에서는 반드시 신발을 신어야 하며 과학실, 조리실, 컴퓨터실, 미술실에서는 담당교실의 교사 재량에 따라 앞이 뚫린 신을 신지 못할 수 있다.

10. 학교에서는 모자나 두건, 스카프 등 무엇이라도 머리에 착용할 수 없다. 단 종교적 이유로 착용하는 것은 허용한다.

11. 건물 내에서 외투나 재킷을 입을 수 없다. 건물에 들어오자마자 벗어 개인 사물함에 걸어야 한다.

12. 다른 사람에게 알레르기 반응을 유발할 수 있으므로 교실에서는 머리를 빗을 수 없으며 화장을 하거나 로션 등을 발라도 안 된다.

미국에서
저렴하게
쇼핑하기

먼저 대표적인 상점의 형태를 보자. 우선 Wal-Mart, K-Mart, Target, Meijer, Tops와 같은 체인점 형태의 할인 소매점, Sam's Club, Price Club과 같이 회원제로 운영되는 창고형 할인점, Sears, J.C. Penny와 같은 쇼핑몰이 있고, 주로 교외에 자리를 잡고 있는 Outlet Mall, 가족이 중심이 되서 운영하는 구멍가게 수준의 조그만 소매점 등이 있다.

1 환불 보장 제도

미국의 대부분 상점들이 이 money back guarantee 제도를 채택하고 있다. 물건 구입 후 소비자가 주어진 기간 내에 물건을 돌려주고 돈을 되돌려 받을 수 있는 제도다. 환불을 받기 위해서는 물건 구입할 때 반드시 영수증을 잘 보관해야 한다.

2 최저가격 보장 제도

소비자가 구입한 물건이 30일 이내에 다른 상점에서 더 싸게 팔리는 경우 자신이 산 물건이 더 싸게 팔리는 상점의 광고지 등을 제시하여 그 차액 또는 차액에 보상금까지 받을 수 있는 제도를 말한다.

3 쿠폰 이용하기

광고전단이나 신문지를 통해서 전해지는 쿠폰을 사용하거나, 그 밖에도 각 상점 입구나 전화번호부 책이나 잡지 등에서도 구할 수 있다. 물론 이 쿠폰을 위해 찾아다닐 필요는 없지만 기회가 있을 때 틈틈이 모아두는 것도 절약하는데 도움이 된다.

4 중고거래

미국에 도착하는 시기는 대개 새로운 학기가 시작되기 전이기 때문에, 한편으로 이전 학기가 끝나가는 시점이라고도 할 수 있다. 교내 기숙사나 아파트의 경우는 학기가 끝나거나 졸업을 해서 그곳을 떠나는 사람들이 많기 때문에 Moving Sale 광고를 교내 게시핀 등에서 쉽게 찾아볼 수 있다. 이것을 적극 활용하면 좋은 물건들을 아주 값싸게 살 수 있는 기회가 된다. 나중에 유학을 마치고 국내로 돌아오게 되거나 타 지역으로 이사를 해서 자신의 물건을 처분해야 할 경우도 이런 방법을 이용해 처분할 수 있다.

—미국유학닷컴—

157

마음을 주고받는 선물

　　　미국 사람들은 문화적으로 한국 사람들보다 더 적극적으로 자신의 마음을 표현하므로 선물을 주고받는 것도 더 자연스럽다. 그리 비싸거나 좋은 것이 아닌 선물도 주고받고, 기뻐하고, 고마워한다. 아이들도 마찬가지다. 친구의 생일파티에 초대를 받았다든지, 연말파티에 초대받았을 경우 등에는 부담없이 선물들을 주고받는다.

　　그러나 어디에서나 마찬가지로 선물은 주는 사람이나 받는 사람 모두 부담이 없이 주고받을 수 있는, 적절한 가격의 선물을 주는 것이 좋다. 그리고 무엇보다도 정성과 마음을 담아주는 것이 중요하다.

선물을 살 때 잊지 말자

 친구의 나이와 성별에 맞는 적당한 것을 고르자.

 친구가 원하는 것을 물어보는 것도 좋다.

 선물상품영수증(Gift Receipt 또는 Gift Boucher라 한다)을 받아 선물과 함께 보낸다.
친구에게 이미 있는 물건이거나 크기가 맞지 않을 때 교환해야 하는 경우 꼭 필요하다.

 카드와 함께 정성스럽게 포장을 해서 주는 것이 예의다.

※ 초등학생의 경우 15~20달러 내외, 중학생인 경우 20~25달러, 고등학생은 30달러 정도면 적당하다.
※선물을 받을 경우에는 감사의 글이 담긴 카드를 보낸다.

나라마다 생활습관과 문화가 다르다.
문화의 차이에서 발생하는 오해를 방지하기 위해
미국의 경조사 문화와 예의에 대해 미리 알아두면 좋다.

Culture Jump 문화 점프

01 Jump mentoring 초대

02 Jump mentoring 외출

03 Jump mentoring 기념일

04 Jump mentoring 교류

적응을 위한 소중한 경험

아이들에게 친구의 존재는 중요하다. 한국에서나 미국에서나 마찬가지다. 친구를 만드는 것은 아이들이 해야 하는 일이지만 상황에 따라 어른이 조금 도와주면 더 쉽게 친해질 수 있다.

미국의 학교에서는 초등학교에서부터 고등학교에 이르기까지 짝과 함께, 또는 3~4명의 아이들과 함께 협력해서 완성해야 하는 숙제가 많다. 그래서 방과 후나 주말 동안 서로의 집에서 숙제를 함께 해야 하는 경우가 생긴다. 미국에서는 아이의 친구를 집에 오게 하거나 우리 아이를 미국 친구의 집에 보낼 때 지켜야 할 몇 가지 예의가 있는데, 이는 문화적 차이에서 오는 오해를 방지하기 위해서 부모는 물론 아이도 알고 있어야 한다.

특히 중요한 점은 한국에서와는 다르게 친구를 데리고 오거나 친구 집에 갈 때도 반드시 양쪽 부모의 허락을 받아야 한다는 것이다. 아이가 성년이 되기 전까지는 부모가 아이의 모든 일을 결정하며 책임을 지는 것이 한국에서보다 훨씬 강조되고 있다는 것을 잊어서는 안 된다.

아이가 잊지 말아야 할 일

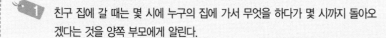 친구 집에 갈 때는 몇 시에 누구의 집에 가서 무엇을 하다가 몇 시까지 돌아오겠다는 것을 양쪽 부모에게 알린다.

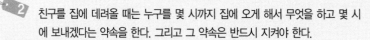 친구를 집에 데려올 때는 누구를 몇 시까지 집에 오게 해서 무엇을 하고 몇 시에 보내겠다는 약속을 한다. 그리고 그 약속은 반드시 지켜야 한다.

3 부득이한 경우 시간이 더 지체됨을 양쪽 부모에게 알리고 허락을 받아야 한다.

아이의 친구를 집에 초대했을 때 부모의 역할

1 친구의 부모에게 전화를 걸어 몇 시부터 몇 시까지 머물 수 있다는 것을 알려, 그 부모가 데리러 오는 계획을 할 수 있게 한다.

2 아이들이 놀거나 숙제를 하는 중간 중간 시간을 보면서 미리 집에 갈 준비를 해 약속한 시간에 숙제를 마치고 돌아갈 수 있도록 한다.

3 식사나 간식을 접대할 경우에는 먹이지 말아야 할 음식이 있는지 물어본다. 음식 알레르기 반응으로 위험해질 수 있으므로 반드시 주의한다.

4 식사나 간식을 줄 때 한국에서처럼 많이 먹으라고 너무 권하지 않는다.

5 아이의 친구를 부모나 가족에게 인사시킨다.

6 사적인 질문은 하지 않는다.

 ※ 우리 아이가 외국인이라는 점을 악용하여 집에 와서 몰래 술을 마시거나 마약을 하거나 물건을 훔쳐가는 경우가 있으므로 아이들이 무엇을 하는지 부모가 눈여겨보는 것이 좋다.

아이를 처음 친구 집에 보낼 때

Janet:	Hello.
Mother:	Hello, may I speak to Mrs. Brown? This is Mrs. Kim, Hana's mom.
Janet Brown:	Oh, hi! This is Janet, Becky's mom.
Mother:	Hi, Janet, this is Ji-Young. Thanks for inviting Hana for their group project.
Janet:	No problem.
Mother:	I would like to know what time you want me to drop off Hana and pick her up.
Janet:	Well, I heard that they want to work on the science project together around noon.
Mother:	Yes. I heard that, too.
Janet:	How about, you drop her off around 1:30PM and pick her up at 4:00PM.
Mother:	Okay. Could you give me your address?
Janet:	Sure. It is 400 East Oak Drive. Do you need directions?
Mother:	Well, I think I know it is. It is close to the Middle School, right?
Janet:	Yeah. It is about three blocks away from the Middle School.
Mother:	Okay. I'll drop off Hana in about 1 hour.
Janet:	Okay. See you then.
Mother:	See you in a little bit.

아이를 친구 집에 보낼 때 부모의 역할

1. 아이의 친구 부모에게 전화를 걸어 우리 아이가 가도 좋은지, 언제까지 머물 수 있는지 물어본다.

2. 집이 먼 경우에는 데려다 주고 데리고 와야 하므로 집주소를 알아둔다.

3. 우리 집 전화번호를 알려주어 만약의 경우 서로 연락을 할 수 있도록 한다.

4. 아이를 데리고 갔을 때는 아이와 함께 차에서 내려 친구의 부모와 인사를 나누는 것이 예의다.

5. 반드시 정해진 시간에 데려다 주고 데리고 와야 한다.

Janet : 여보세요.

엄 마 : 안녕하세요. Mrs. Brown과 통화할 수 있을까요? 저는 Mrs. Kim이에요, 하나의 엄마.

Janet : 아, 안녕하세요. 저는 Janet이에요, Becky의 엄마.

엄 마 : Janet, 저는 지영이에요. 하나가 그룹 프로젝트를 하게 초대해주셔서 감사합니다.

Janet : 뭘요.

엄 마 : 제가 몇 시에 하나를 데려다 주고 데리러 가야 할지 알고 싶은데요.

Janet : 네, 제가 듣기로는 아이들이 과학 프로젝트를 오후에 같이 하고 싶데요.

엄 마 : 네, 저도 들었어요.

Janet : 그럼 1시 30분쯤 데려다 주시고 4시쯤 데리러 오세요.

엄 마 : 네. 집주소를 알려 주시겠어요?

Janet : 그럼요. 400 East Oak Drive에요. Direction 필요하신가요?

엄 마 : 어딘지 알 것 같아요. 중학교 근처에 있죠?

Janet : 네. 중학교에서 한 세 구역쯤 떨어져 있죠.

엄 마 : 네. 그러면 한 시간쯤 있다 하나를 데려다 줄게요.

Janet : 네, 그럼 그때 봐요.

엄 마 : 좀 있다 봐요.

아이의 친구를 처음 집에 오게 할 때

Joanne: Hello.

Mother: Hello, could I speak to Mrs. Thomas?

Joanne: This is she.

Mother: Hi, how are you doing? This is Ji-Young Kim, Michael's mom.

Joanne: Oh, hi! This is Joanne, David's mom.

Mother: I heard from Michael that David and he need to do Latin project together at my house this afternoon.

Joanne: Yeah. I have heard from David about that and I was going to call you. Thank you for inviting him to your house.

Mother: My pleasure. I am calling to ask you if it is okay for David to have dinner with us, after completing their project.

Joanne: Are you sure?

Mother: Yeah. We are planning to have green salad and spaghetti and meat balls for dinner. Is he allergic to any foods?

Joanne: Yes. He is allergic to peanuts and peach. Other than these, he is fine.

Mother: Okay. Then we don't have to worry about it because none of them will be in salad and spaghetti.

Joanne: Thank you so much. Then what time should I bring him there and what time should I pick him up?

Mother: David can be here around 4:00PM and you pick him up at 8:00PM.

Joanne: Okay. I'll pick him up at 8:00PM.

Mother: Sounds good. See you then.

Joanne: Bye.

Joanne : 여보세요.

엄 마 : 네, Mrs. Thomas하고 얘기할 수 있을까요?

Joanne : 네 접니다.

엄 마 : 안녕하세요? 잘 지내시죠? 저는 김지영입니다, 마이클 엄마예요.

Joanne : 아 안녕하세요. 전 조앤이에요, 데이비드의 엄마죠.

엄 마 : 마이클에게 듣기로는 데이비드하고 오늘 라틴 프로젝트를 저희 집에서 해야 한다고 했는데요.

Joanne : 네, 저도 데이비드에게서 들었어요. 그래서 전화하려던 참이었어요. 데이비드를 초대해주셔서 감사합니다.

엄 마 : 천만에요. 저는 오늘 데이비드가 프로젝트를 하고 저희 집에서 저녁을 먹어도 되는지 물어보려고 전화했어요.

Joanne : 진짜로 그래도 되나요?

엄 마 : 네. 오늘 메뉴는 샐러드, 스파게티와 고기입니다. 혹시 데이비드가 어떤 음식에 알레르기 반응을 보이나요?

Joanne : 네. 데이비드는 땅콩하고 복숭아를 먹으면 안 돼요. 다른 음식은 다 괜찮아요.

엄 마 : 그럼 걱정 안 해도 되겠네요. 스파게티에는 둘 다 안 들어가니까

Joanne : 감사합니다. 그럼 언제 데리고 가고 언제 데리러 갈까요?

엄 마 : 4시쯤에 데려다 주시고 8시쯤 데리러 오세요.

Joanne : 그래요. 그럼 나중에 뵙지요.

엄 마 : 네, 그래요.

Joanne : 안녕히 계세요.

167

같이 가지 않아도
부모의 책임

　　초등학교 때까지는 아이가 주로 부모와 함께
주말에 영화관이나 쇼핑몰에 갔지만 중학교에 가면서부터 친구들끼리
가게 되는 경우가 생기며 또 가급적 그렇게 하려고 한다. 자기네끼리
무슨 영화를 볼 것인지, 누가 함께 갈 것인지, 또 영화를 보고 난 후에
는 무엇을 할 것인지, 심지어는 Ride는 어떻게 할 것인지 까지를 계획
하여 부모에게 허락을 받으러 오는 것을 보면 아이가 많이 자랐다는
생각과 함께 이제는 부모가 필요 없구나 하는 서운한 생각이 들 수도
있다.

　　이제는 일일이 따라다니지 않는다고 해도 아이가 영화관이나 쇼핑몰
에 갈 때 해도 되는 것과 해서는 안 되는 것을 말해주어야 한다. 특히
영화의 경우 아이가 어떤 영화를 보러 가는 것인지 물어보고 인터넷에
서 어떤 내용의 영화이며, 아이가 볼 수 있는 등급의 영화인지 확인해
야 한다.

미국 영화관의 등급

1 G : 모든 연령이 관람할 수 있는 영화

2 PG : 부모가 동반하는 경우 모든 연령이 관람할 수 있는 영화

3 PG-13 : 13세 이상의 모든 연령이 관람할 수 있는 영화

4 R : 17세 이상이거나 17세 미만의 경우 보호자가 동반할 때만 관람 가능한 영화

5 NG-17 : 17세 이상이나 성인 전용의 영화

아이들끼리 쇼핑몰에 갈 경우 주의시켜야 할 점

1 규모가 큰 쇼핑몰에서는 너무 많이 돌아다니지 않도록 주의를 준다.

2 쇼핑몰 안에서 사람이 많이 다니지 않는 외진 곳에는 가지 않는다.

3 늘 친구들과 함께 다니도록 한다.

4 돈을 너무 많이 가지고 가지 않도록 한다.

5 친구와 구경을 하고 사고 싶은 것이 있으면 보아두었다가 부모와 함께 가서 사는 것도 좋은 방법임을 알려준다.

6 쇼핑이 끝나고 약속된 시간에 반드시 약속한 장소에서 Ride를 주기로 한 부모와 만나야 한다는 것을 잊지 않도록 주의시킨다.

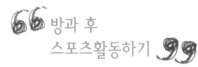

방과 후 스포츠활동하기

　　미국 아이들은 학교나 부모들이 주관하는 여러 가지 종류의 단체 스포츠활동에 참여하여 다양한 운동기술을 익힌다. 뿐만 아니라 활동을 통해 친구를 사귀고, 협동하기, 양보하기, 지시에 따라 행동하기, 규칙 지키기, 정당한 실력겨루기, 지도력 기르기 등을 배우는 기회도 가진다.

　　미국에서 아이를 학교에 보내게 되면 이런 방과 후 스포츠활동에 적극적으로 참여하도록 지원해주는 것이 중요하다. 이런 활동은 대학을 지원할 때 입학원서에 쓸 수 있는 중요한 내용이기도 하기 때문이다.

아이가 방과 후 스포츠활동에 적극적으로 참여하게 하려면

● 부모가 적극적으로 시간과 노력을 투자해야 한다.

팀에 가입시키고 훈련시간에 데리고 오가며, 경기가 있을 때는 가서 응원해주고 팀이 단합대회를 할 때는 음식도 해 다 주어야 한다.

● 어떤 활동에 참여할지를 정하고 필요한 장비와 준비물, 안전용품을 구입해 준다.

● 스포츠뉴스를 보면서 아이와 경기에 대한 이야기도 나 누고 관심을 보여주면서 정서적 지원을 해준다. 아이가 원할 경우 함께 연습을 한다.

스포츠용품 전문점에서 아이의 크기에 맞는 것으로 구입 한다.

아이가 초등학생일 경우

● 지역 자치단체에서 초등학생 스포츠팀을 주관하므로 자치단체(시청이나 구청, 동사무소 등)의 레크리에이션 부서를 통해 아이를 팀에 가입시킨다.

스포츠팀에 대한 정보는 그 지역의 자치단체에 문의하면 정 확한 가입 시기와 방법을 알 수 있다.

● 팀은 종목에 경험과 관심이 많은 부모들에 의해 운영
된다. 즉 부모가 팀을 구성하고 코치가 되어 아이들을
지도하는 것이다. 학년이 올라가서 가입할 수 있는 단
체 스포츠활동의 종류가 늘어나면 대학에서 그 종목을
전공한 사람들이 코치를 맡고 팀을 운영하게 된다.

이와 같은 경우에는 소정의 가입비를 지불해야 한다.

아이가 중·고등학생일 경우

● 학교에 다양한 운동부가 있다. 그 지역 학교의 교사들
에 의해 팀이 운영되고 종목에 따라 시간제로 전문 코
치를 고용하기도 한다.

학교에서 운영하는 스포츠팀의 경우 학교에서 정보를 얻고
가입 절차를 밟는다.

● 가을 학기에 스포츠활동에 가입하려면 봄 학기에, 봄 학
기에 가입하려면 전해 가을 학기에 정보를 얻을 수 있다.

● 학교에서 발행하는 신문이나 학교의 인터넷 사이트, 학
교 사무실에서 정보를 얻거나 문의할 수 있다.

● 학교에 속한 스포츠팀에 가입할 경우 특별히 교습비를 지불하지 않고 필요한 장비만 구입하면 된다.

● 가입 학생이 많을 경우에는 일정 인원을 선발한다.
이 경우 아무래도 어려서부터 그 운동을 많이 해온 아이에게 유리하다.

 ## 스포츠활동의 종류와 시기

가을 스포츠활동	가능한 학년
필드하키 (Field Hockey)	4학년 이상
축구 (Soccer)	1학년 이상
크로스 컨츄리 (Cross Country)	7학년 이상
테니스 (Tennis)	1학년 이상
어린이 미식축구 (Flag Football)	1학년 이상
미식축구 (Football)	4학년 이상
농구 (Basket ball)	1학년 이상
아이스하키 (Ice Hockey)	1학년 이상
봄 스포츠활동	가능한 학년
야구 (Baseball)	1학년 이상
소프트볼 (Softball)	1학년 이상
배구 (Volley Ball)	7학년 이상
라크로스 (Lacrosse)	1학년 이상
조정 (Crew)	9학년 이상
볼링 (Bowling)	9학년 이상
육상 (Track)	4학년 이상
수영 (Swimming)	1학년 이상
골프 (Golf)	4학년 이상

다른 습관, 다른 문화

한국에서와 마찬가지로 미국에서도 아이를 학교에 보내다 보면 여러 사람들을 만나게 된다. 우리 아이가 잘 자라는데 직접 또는 간접적으로 영향을 미치는 사람들 말이다. 부모가 관찰할 수 없는 아이의 면을 보기도 하고 부모가 도와줄 수 없는 도움을 주는 사람들이기도 하다. 교사나 학교버스 운전기사, 의사, 특별활동 지도교사 등등 아이의 발달과 학습을 도와주는 참으로 고마운 분들이다.

미국에서는 이처럼 고마운 분들과 이웃, 혹은 여러 지인들에게 감사의 표시를 하거나 그들이 슬픈 일이나 힘든 일을 당했을 때, 즐거운 일이 있을 때 위로의 말이나 축하의 말이 담긴 카드를 전하는 것이 보통이다. 부모의 이러한 행동은 아이에게 다른 사람과 더불어 살아가는 가치와 방법을 가르쳐줄 수 있다. 그리고 필요한 때에는 다른 사람으로부터 도움을 받을 수 있는 계기를 마련하는 기회도 된다는 것을 아이에게 가르칠 수 있다.

Thank you! Wow~

1 학교에 관계된 분들에게 감사의 마음을 전할 때

한국에는 스승의 날이 있지만 미국에는 그런 기념일이 없다. 그래서 대부분 미국의 부모들은 학년이 끝나는 날 교사들에게 자신의 상황이나 처지에 맞는 다양한 선물과 감사의 카드를 보낸다. 아이가 또박또박 감사의 말을 써 넣은 감사의 카드(Thank-You Card)에서부터 엄마가 집에서 구운 과자나 컵 케이크(Cup Cake)에 이르기까지 아이와 부모가 함께 다양한 방법으로 감사하는 마음을 표현할 수 있다. 교사는 선물을 해준 모든 아이에게 일일이 감사의 카드를 보내고 새 학년에는 더욱 열심히 하고 잘할 수 있기를 기원해주는 것이 보통이다.

기념일이나 명절 챙기기

1 미국에는 다양한 기념일과 명절이 있다. 이런 날 대부분의 미국인은 주위의 친척이나 이웃들과 작은 선물을 나눈다.

2 미국의 경우 대부분의 기념일이나 명절이 날짜로 정해져 있지 않고 요일로 정해져 있다. 예를 들어 미국의 경우 현충일은 5월 마지막 월요일이다. 그래서 해마다 기념일이나 명절의 날짜가 다르다.

3 지역이나 학교에 따라 기념일이나 명절을 공휴일로 하지 않는 경우가 있으므로 매 학년 초에 발급되는 학교 달력을 통해서 파악해 두어야 한다.

4 기념일과 명절도표를 준비해 두는 것도 좋다.

미국의 조의금 문화

1 미국에서는 조의금을 가족이 직접 받지 않는다. 돌아가신 분이 평소에 관심 있어 하던 사회단체에 돌아가신 분의 이름으로 기부한다. 단체에서는 그 내용을 가족들에게 전해주면 상을 당한 가족들은 기부금을 냄으로써 돌아가신 분을 기리는 일에 동참해준 분들에게 감사를 한다.

2 상을 당한 가족들은 부의를 알릴 때 고인이 관심을 가지고 있던 사회단체에 대한 정보도 함께 알려준다.

*New Year's Day	매년 1월 1일
*Martin Luther King Day	1월 셋째 주 월요일
*President's Day	2월 셋째 주 월요일
St. Patrick's Day	매년 3월 17일
*Good Friday	4월, 교회 달력에 의해서 매년 결정됨
Mother's Day	5월 둘째 주 일요일
*Memorial Day	5월 마지막 월요일
Father's Day	6월 셋째 주 일요일
*Independence Day	매년 7월 4일
Yom Kippur	9월, 유태인 달력에 의해서 매해 결정됨
*Labor Day	9월 첫째 월요일
*Columbus Day	10월 둘째 월요일
Halloween Day	매년 10월 31일
*Veterans Day	매년 11월 11일
*Thanksgiving Day	11월 넷째 목요일
Chanukah (Hanukkah)	12월 유태인 달력에 의해서 매년 결정됨
*Christmas	매년 12월 25일
Kwanza	매년 12월 26일~1월 1일

*표는 연방정부에서 지정하는 공휴일임

봉사활동을 하려고 할 때 가장 힘든 것이 자신의 적성에 맞으면서 봉사를 할 수 있는 기관을 찾는 것이다. 다음에 열거한 기관들이 주로 학생들이 봉사활동을 할 수 있는 기관들인데 이를 참고로 하여 자기가 살고 있는 지역사회에서 자신이 봉사할 수 있는 기관을 찾아야 한다. 지역사회의 기관들은 그 지역의 전화번호부에서 연락처를 찾을 수 있다.

노숙자 쉼터 (Homeless Shelter)

중소 도시에 산다면 노숙자들에게 식사와 잠자리를 제공하는 노숙자 쉼터가 적어도 한 두 군데 있을 것이다. 대부분의 노숙자 쉼터에서는 여러 영역에서 자원봉사자를 필요로 하며 또 환영한다. 부엌에서 음식 준비하는 것을 돕거나, 사무실에서의 일을 도울 수도 있고, 기증 받은 식품을 정리하는 일을 도울 수도 있다. 살고 있는 지역의 전화번호부에서 Homeless Shelter를 찾으면 전화번호를 알 수 있다.

푸드뱅크 (Food Bank)

푸드뱅크는 대개 노숙자 쉼터와 연결되어 운영된다. 그러나 기관에 따라서는 노숙자 뿐 아니라 그 지역의 가난한 사람들에게 음식을 제공하기도 한다. 푸드뱅크에서 봉사자가 할 수 있는 일은 음식들을 모으거나, 모은 음식의 목록을 만드는 일, 필요한 곳에 음식을 배달하는 일 등이다. 푸드뱅크에 관한 연락처는 인터넷이나 살고 있는 지역의 전화번호부에서 찾을 수 있다.

종합병원 (Hospital)

어느 지역에나 크고 작은 종합병원들이 있고 병원들에서는 언제나 자원봉사자들을 환영한다. 종합병원에서 봉사자들이 할 수 있는 일은 구내 식당에서 음식을 서브하는 일, 응급실에서 서류를 정리하는 일, 환자나 보호자의 서류작성을 돕는 일, 구내 매점에서 물건을 정리하는 일 등 매우 다양하다. 자원봉사자를 모집하고 관리하는 부서 (Volunteer Department) 연락처를 찾아 문의한다.

도서관 (Library)

많은 도서관들도 책을 정리하고, 아이들 프로그램에서 책을 읽어주거나, 서류를 정리하는 일 등에서 자원봉사자들의 도움을 필요로 하고 있다. 특히 여름방학 동안에는 도서관들에서 아이들을 위한 다양한 프로그램을 개최하면서 도서관원을 도와줄 자원봉사들을 많이 모집한다. 지역사회의 도서관에 문의하면 자세한 정보를 알 수 있다.

지역사회의 공원 (State Park)

미국 대부분의 지역에는 마을마다 크고 작은 공원들이 있고 이들은 지방자치단체의 공원담당부서(Department of Parks and Recreation)나 주립공원관리소(State Park System)에서 관리하는데, 이곳에서도 역시 자원봉사자들의 도움을 필요로 한다. 공원에서 주관하는 여러 가지 행사의 진행을 돕거나, 공원을 관리하는 일 및 간단한 수리 및 보수를 돕는 일 등이다. 각 지방자치단체의 Department of Parks and Recreation나 State Park System의 연락처를 찾아 자세한 정보를 문의한다.

66 봉사활동하기 99

66 Volunteer activity

미국에서는 크고 작은 많은 일들이 자원봉사
자들에 의해 이루어지고 있다. 적십자활동의 경우 96%가 자
원봉사자들이라고 하니 미국 사회에서 봉사활동이 차지하는
중요성을 짐작하고도 남음이 있다.

중학교 정도가 되면 학교에서나 가정에서 아이들이 다양한
형태의 봉사활동을 할 수 있도록 격려하고 지원한다. 특히 고
등학교에서는 봉사활동이 좀 더 적극적으로 이루어진다. 학
생들로 구성된 봉사활동 반은 지역사회에서 일어나는 크고
작은 많은 행사의 진행을 담당한다. 학부모 및 교직원으로 구
성된 봉사활동 연합(Community Service Coalition)이 있어
학생들의 개인적인 봉사활동을 안내해 주고, 실제 봉사활동
시간을 확인하여 1년에 한 번씩 상(Award)을 주는 등 상당히
구체적인 방법으로 아이들의 봉사활동을 도와준다.

고등학생이 할 수 있는 봉사활동

1 지역사회에서 벌어지는 여러 행사의 진행을 돕는다.
독립기념일 시가행진, 지역사회 가족의 날 행사, 기금
마련행사 등을 진행한다.

2 종교 및 사회단체의 일을 돕는다.
주일학교에서 아이들 가르치기, 심장병협회 주최의 걷
기대회행사 진행보조, 자폐증협회 주관의 모금행사 후
거리 청소 등이 있다.

3 사회시설을 정기적으로 방문하여 도와주기
노인의 집을 방문하여 노인들과 게임을 하거나 산책
도와주기, 어린이 집에서 교재 만드는 것 도와주기, 종
합병원에서 환자에게 책 읽어주기, 환자 보호자들의
서류작성 도와주기 등이 있다.

4 사회봉사 시설의 일을 도와주기
Food Bank에 음식 제공할 음식점 찾기, 불우이웃돕
기 모금을 위한 바자회에서 음식 팔기 등이 있다.

※ 대부분 기관이나 사회단체 사회시설에는 자원봉사자를 담당하는 부서가
있다. 이곳은 자원봉사자들의 지원을 받고 필요한 서류를 작성해 준다. 사
전 교육을 시켜 적당한 곳에 배치하고 관리하며, 봉사시간을 확인하는 편
지를 써준다.

봉사활동을 할 때 잊지 말아야 할 것들

1 관심 있는 기관에 자원봉사자 담당부서가 있는지 확인하고 전화를 걸어 절차를 알아본다.

2 부모의 동의서나 건강진단서를 요구할 때는 제출해야한다.

3 개인 신상에 관한 정보를 유출하지 않겠다는 서약서를 요구하면 써야 한다.

4 예방주사를 맞아야 하는 경우 응해야 한다.

5 봉사를 시작하는 시간이나 마치는 시간에 준비된 봉사자 명부에 사인을 해야 한다.

6 규칙이나 규정을 지켜야 한다.

7 약속된 시간이나 책임량이 끝나면 봉사활동 확인서를 받아둔다.
봉사기간 및 총 봉사시간, 일의 종류, 기관명과 담당자의 이름 및 의견이 포함되어 있어야 한다.

봉사활동
Ⅱ

노인센터(Senior Citizens Center)나 노인시설(Nursing Home)

어느 지역에서나 볼 수 있는 노인센터에서는 그 지역에 혼자 사는 노인들을 정기적으로 방문하여 말벗이 되어주거나, 간단한 쇼핑을 돕거나, 병원에 가야 하는 경우 Ride를 주는 등의 일을 하는데 자원봉사자들의 도움을 필요로 한다. 또 노인들끼리 모여 사는 다양한 종류의 노인시설에서도 노인들의 산보를 도와주거나, 여러 가지의 게임을 함께 하거나, 편지 쓰는 것을 도와주는 등의 일에 자원봉사자의 도움을 필요로 한다. 지역사회의 전화번호부에서 Senior Citizens Center나 Nursing Home의 연락처를 찾아 자세한 정보를 문의할 수 있다.

동물보호소 (Animal Shelter)

미국에서는 많은 동물보호소가 비영리단체나 정부에 의해 운영되고 있는데 역시 자원봉사자들의 도움을 필요로 한다. 동물들을 돌보거나, 시설을 깨끗하게 유지하는 일, 기타 여러 가지의 사무적인 일을 하는데 많은 손이 필요하기 때문이다. 만약 특히 동물을 좋아한다면 지역사회의 Animal shelter에 문의하여 자세한 정보를 얻도록 한다.

유나이티드 웨이 (United Way)

유나이티드 웨이는 범 국가적 모금단체로 개인 및 기관에서 후원금을 모금하여 필요한 곳에 재분배하는 일을 하는 비영리단체이다. 따라서 각 지역에 지부가 있고 지부는 자원봉사자들에 의해 운영되는 경우가 대부분이므로 자원봉사자의 도움이 많이 필요한 곳이다. 살고 있는 지역의 전화번호부에서 United Way를 찾으면 전화번호를 알 수 있다.

적십자 (Red Cross)

적십자는 특히 개인이나 단체가 긴급한 상황에 처했을 때 도움을 제공하는 기관이다. 재난이 발생하여 많은 사람을 구제해야 하거나 아이에게 수혈이 필요해 특정한 혈액형의 피를 긴급 수배하여야 하는 등의 경우 항상 적십자가 적극적으로 개입한다. 적십자의 지부는 미 전역에 걸쳐 위치하고 있고 항상 자원봉사자를 환영하므로 지역의 전화번호부에서 연락처를 찾아 문의한다.

해비타트 (Habitat for Humanity International)

우리나라에서는 사랑의 집 짓기 운동 연합회라는 이름으로 활동하는 해비타트는 미국뿐 아니라 전세계의 빈곤계층에게 집을 지어 주거나 보수해주는 일로 잘 알려져 있는 봉사단체이다. 이외에도 다양한 봉사활동을 벌이고 있는 이 단체에서는 연령별로 참여할 수 있는 여러 가지의 봉사 프로그램이 있으므로 Habitat for Humanity International의 웹사이트나 지역의 사무실로 연락하여 자세한 정보를 얻을 수 있다.

부모들끼리의 교류도 필요하다

　　　　　미국에서는 부모들이 아이 친구의 부모들과도 친하게 지낸다. 그리고 아이 교육에 필요한 정보나 의견을 서로 교환하는 것을 중요하게 생각한다. 그러나 미국에 와서 공부하는 많은 한국 아이들의 부모들은 그렇지 못하다. 영어로 능숙하게 의사소통을 할 수 없다는 것이 가장 큰 이유이다. 아이를 미국의 학교에 보내어 교육시키기로 결심한 이상 이 부분에서도 부모들은 적극적으로 노력해야 한다.

부모들과 교류하는 방법

1 부모들과 교류하는 방법 1

일 년에 한 번 정도 아이와 가장 친한 친구의 부모와 아이를 집에 초대하여 식사를 대접한다.

아이들은 아이들대로 부모들은 부모들대로 더 친숙해져 학교생활이나 그 밖의 생활도 훨씬 쉬워질 수 있다.

2 부모들과 교류하는 방법 2

아이들이 방과 후에 참가하는 스포츠활동 등의 특별활동에 부모가 적극적으로 참여하여 도움을 준다.

이러한 활동을 하는 부모들끼리는 공동관심사가 있어 더 쉽게 친해진다.

3 부모들과 교류하는 방법 3

부모회의 일원이 되어 학교와 학생들을 위하여 여러 가지 봉사활동을 한다.

학교의 사정이나 교육에 필요한 정보도 알게 되고, 교사들과 사귈 수 있는 기회도 얻게 된다.

※ 부모회에 대한 문의는 부모회의 임원들에게 알아본다. 임원들의 연락처는 학교 홈페이지나 사무실, 학교에서 발행되는 신문을 통해 알 수 있다.

과수원에 갈 때 친구 초대하기

Mother: Hello.

Beth (Linda's mom): Hello.

Mother: Hi, Beth. How are you doing? This is Ji-Young, Hana's mom.

Beth: Oh, Hi, Ji-Young. How are you? It's been long time talking to you.

Mother: I know. I have been so busy lately.

Beth: Me too.

Mother: I am planning to take Hana to the Orchard this Saturday to pick apples. If Linda is available, I would like to invite her to come with us.

Mother: Sure. That will be great..

Mother: Great. The orchard is about 40 minutes away from our house, and I'll pick up Linda around 9:30AM, on Saturday and bring her back around 4:00PM.

Beth: Okay. Do you want me prepare anything for that?

Mother: Not really. I'll fix some cold sandwiches for all of us. Don't worry about anything..

Beth: Are you sure? Then I can send some brownies for desert.

Mother: Okay, That will be great. Oh, in case, why don't you send extra Jacket for Linda. It might be a little chilly down there.

Beth: No problem. Thank you for inviting her. I'll have her be ready by 9:30AM.

Mother: Sure. I'll see you then..

I am planning to take Hana to the Orchard this Saturday to pick apples. If Linda is available, I would like to invite her to come with us.

엄마: 여보세요.

Beth: (Linda의 엄마) 여보세요.

엄마: 안녕하세요, 베스? 하나 엄마 지영이에요.

Beth: 아, 지영씨, 안녕하세요? 오랜만이에요.

엄마: 그러네요. 그 동안 정말 많이 바빴어요.

Beth: 저도 그랬어요.

엄마: 이번 토요일에 제가 하나를 사과 따러 과수원에 데리고 가려고 하는데 혹시 린다가 우리와 함께 갈 수 있을까 해서요.

Beth: 물론이죠. 재미있겠는데요.

엄마: 잘되었어요. 과수원이 40분쯤 떨어진 곳에 있으니 제가 린다를 아침 9시 30분쯤 데리러 가요. 그리고 오후 4시쯤 데려다 줄 수 있을 것 같아요.

Beth: 좋아요. 제가 뭐 준비해 드릴 것은 없나요?

엄마: 없어요. 제가 샌드위치를 좀 싸가려고 해요. 걱정하지 않아도 되요.

Beth: 정말이요? 그러면 제가 후식으로 드시게 브라우니를 조금 보낼게요.

엄마: 그러세요. 그럼. 맛있겠네요. 참 혹시 모르니까 린다의 자켓을 보내세요. 거긴 이곳보다 조금 더 쌀쌀할지 모르겠어요.

Beth: 그러지요. 린다를 초대해줘서 고마워요. 9시 30분까지 린다를 준비시켜 두지요.

엄마: 네. 그럼 그때 뵙지요.

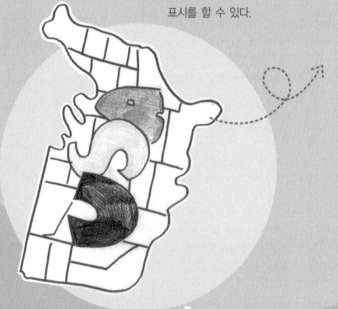

Blue Ribbon Schools란 미국 연방정부의 교육부에서 학생들의 평균 학업 성취도가 뛰어나거나 몇 년간 학생들의 학업 성취도가 급격히 개선된 학교들에게 수여하는 가장 영예로운 칭호이다. 미국 전역에 약 133,000개의 공립 및 사립 초 · 중 · 고등학교가 있는데 이들 중 약 3.9%가 1982년부터 지금까지 Blue Ribbon Schools의 칭호를 받았다. 이 칭호를 받은 학교는 건물의 바깥에 Blue Ribbon School이라는 표시를 할 수 있다.

Blue Ribbon Schools

Blue Ribbon Schools

http://www.ed.gov/programs/nclbbrs/2007/2007-schools.doc

Alabama

Forest Avenue Academic Magnet Elementary School
Ph: (334) 269-3673
http://schools.mps.k12.al.us/schools/forestave

K. J. Clark (Clark School of Mathematics, Science, and Technology)
Ph: (251) 221-2106
www.clark.mecm.schoolinsites.com

Virgil I. Grissom High School
Ph: (256) 428-8000
www.hsv.k12.al.us

Alaska

Delta Junction Elementary School
Ph: (907) 895-4696
www.dgsd.k12.ak.us/education/school

Richard Johnson Elementary School
Ph: (907) 886-4121
www.aisd.k12.ak.us

Arizona

Challenge Charter School
Ph: (602) 938-5411
www.challengecharterschool.net

Franklin Northeast Elementary School
Ph: (480) 472-9331
www.mpsaz.org

Presidio School
Ph: (520) 881-5222
Web: www.presidiohighschool.com

Robert M. Bracker Elementary School
Ph: (520) 377-2886
www.nusd.k23.az.us

 Arkansas

Bentonville High School
Ph: (479) 254-5100
www.bentonville.k12.ar.us

College Hill Elementary
International Studies Magnet
Ph: (870) 774-9111
www.wtxk.k12.ar.us

 California

Arroyo Elementary School
Ph: (714) 508-7898
www.tustin.k12.ca.us/arroyo

Mariners Christian School
Ph: (714) 437-1700
www.marinerschristianschool.com

Pinecrest School Northridge
Ph: (818) 368-7241
www.pinecrestschools.com

Beechwood School
Ph: (714) 447-2850
www.fsd.k12.ca.us

St. Lawrence Martyr School
Ph: (310) 316-3049
www.stlmschool.org

Blandford Elementary School
Ph: (626) 965-3410
www.rowland-unified.org

Central Elementary School
Ph: (650) 637-4820
www.belmont.k12.ca.us/main/central

Cosumnes River Elementary
School
Ph: (916) 682-2653
www.egusd.net/cosumnes

Country Springs Elementary
School
Ph: (909) 590-8212
www.cs.chino.k12.ca.us

Deerfield Elementary School
Ph: (949) 936-5655
www.iusd.org/de

California(cont)

Empire Oaks Elementary School
Ph: (916) 983-0120
www.edline.net

Encinal School
Ph: (650) 326-5164
www.mpcsd.org/Encinal.html

Fairmont Elementary School
Ph: (714) 970-1401
www.fairmontelementary.com

Gettysburg Elementary School
Ph: (559) 327-6900
http://qp.clovisusd.k12.ca.us/
gettysburgelementary

Killian Elementary School
Ph: (626) 964-6409
www.rowland-unified.org

Liberty School
Ph: (707) 795-4380
www.libertysd.org

Mariners Elementary School
Ph: (949) 515-6960
www.nmusd.us/schools/Mariners

McNear Elementary School
Ph: (707) 778-4752
www.mcnearelementary.org

Mission Estancia Elementary
School
Ph: (760) 943-2004
www.eusd.net

Olinda Elementary School
Ph: (714) 528-7475
www.bousd.k12.ca.us

Quail Summit Elementary
School
Ph: (909) 861-3004
www.walnutvalley.k12.ca.us

Tularcitos Elementary School
Ph: (831) 659-2276
www.tularcitos.org

Tustin Memorial Academy
Ph: (714) 730-7546
www.tustin.k12.ca.us

Victoria Elementary School
Ph: (949) 515-6985
www.nmusd.us/schools/victoria

Westhoff Elementary School
Ph: (909) 594-6483
www.walnutvalley.k12.ca.us/westhoff

Wiley Canyon Elementary
School
Ph: (661) 291-4030
www.newhall.k12.ca.us

Wood Ranch Elementary School
Ph: (805) 579-6370
www.woodranch.simi.k12.ca.us

Colorado

Cheyenne Mountain High
School
Ph: (719) 475-6110
www.cmsd.k12

Evergreen High School
Ph: (303) 982-5140
www.evergreencougars.net

Ulysses S. Grant Elementary
School
Ph: (719) 218-9541
www.d11.org/grant

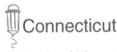 Connecticut

Multicultural Magnet School
Ph: (203) 576-7505
http://Bridgeport.ct.schoolwebpages.com

 Delaware

Etta J. Wilson Elementary School
Ph: (302) 454-2180
www.christina.k12.de.us/
schools_district/Wilson/index.htm

Joseph M. McVey Elementary School
Ph: (302) 454-2145
www.christina.k12.de.us

Lancashire Elementary School
Ph: (302) 475-3990
www.k12.de.us/lancashire

 District of Columbia

Benjamin Banneker Senior High School
Ph: (202) 673-7322
www.benjaminbanneker.org

Our Lady of Victory School
Ph: (202) 337-1421
www.olvschooldc.org

KIPP DC: KEY Academy
Ph: (202) 543-6595
www.keyacademy.org

Ben W. Murch Elementary School
Ph: (202) 282-0130
www.murchschool.org

Florida

Alexander W. Dreyfoos, Jr. School of the Arts
Ph: (561) 802-6000
www.awdsoa.org

Cathedral Parish School
Ph: (904) 824-2861
www.cathedralparishschool.org

Eagle Point Elementary School
Ph: (754) 323-5500
www.eaglepointschool.com

Naples Christian Academy
Ph: (239) 455-1080
www.NaplesChristianAcademy.com

George Washington Carver Middle School
Ph: (305) 444-7388
http://carver.dade.k12.fl.us

Saint Charles Borromeo Catholic
School
Ph: (407) 293-7691
www.stcharles-orlando.org

Longwood Elementary School
Ph: (850) 833-4329
www.okaloosa.k12.fl.us

Pensacola Beach Elementary
School
Ph: (850) 934-4020
www.pbes.org

Port Malabar Elementary School
Ph: (327) 725-0070
www.portmalabar.es.brevard.k12.fl.us

Robert Louis Stevenson School
of the Arts
Ph: (321) 454-3550
www.stevenson.cs.brevard.k12.fl.us

Florida (cont)

The Sanibel School
Ph: (239) 472-1617
www.leeschools.net/schools/sbl

Seaside Neighborhood School
Ph: (850) 231-0396
www.seasideschool.net

Suncoast Community High
School
Ph: (561) 882-3418
http://suncoasths.palmbeach.k12.fl.us

Design and Architecture Senior
High School
Ph: (305) 573-7135
www.dashschool.org

Suntree Elementary School
Ph: (321) 242-6480
www.suntree.es.brevard.k12.fl.us

Terrace Community Middle
School
Ph: (813) 987-6555
www.tcmstornadoes.com

Georgia

David L. Rainer Elementary
School
Ph: (912) 729-9071
www.dires.camden.k12.ga.us

Christ the King School
Ph: (404) 233-0383
www.christking.org

Freedom Park Elementary
School
Ph: (706) 796-8428
www.freedompark.rcboe.org

Queen of Angels Catholic School
Ph: (770) 518-1804
www.qaschool.org

International Studies Elementary Charter School
Ph: (229) 431-3384
www.docoschool.org

McIntosh High School
Ph: (770) 631-3232
www.mcintoshhigh.com

North Jackson Elementary School
Ph: (706) 693-2246
www.jackson.k12.ga.us

River Trail Middle School
Ph: (770) 497-3860
www.rivertrailmiddleschool.org

Venetian Hills Elementary School
Ph: (404) 752-0736
www.atlanta.k12.ga.us

George Walton Comprehensive High School
Ph: (770) 578-3225
www.waltonhigh.org

 Hawaii

Prince David Kawananakoa Middle School
Ph: (808) 587-4430
www.kawananakoa.k12.hi.us

Waikiki Elementary School
Ph: (808) 971-6900
www.waikiki.k12.hi.us

Illinois

Adolph Link Elementary School
Ph: (847) 357-5300
www.sd54.org

Ascension School
Ph: (708) 386-7282
www.ascension-school.com

Carmel Catholic High School
Ph: (847) 566-300
www.carmelhs.org

Central School
Ph: (847) 835-7610
www.glencoecentral.org

Immaculate Conception School
Ph: (773) 775-0545
www.iccowboys.com

Fieldcrest Elementary South School
Ph: (309) 432-2838
www.fieldcrest.k12.il.us

Saint Colette School
Ph: (847) 392-4098
www.stcolette.com

Fox Creek Elementary School
Ph: (309) 452-1143
www.unit5.org

St. Francis de Sales School
Ph: (847) 438-7921
www.stfrancislz.org

Horace Greeley Elementary
School
Ph: (773) 534-5800
www.greeley.cps.k12.il.us

Illinois (cont)

Saint Germaine School
Ph: (708) 425-6063
www.stgermainschool.com

Grove Avenue Elementary
School
Ph: (847) 381-1888
www.gr.cusd220.lake.k12.il.us

Saint Mary of the Annunciation
School
Ph: (847) 223-4021
www.stmaryfc.org

Longfellow Elementary School
Ph: (630) 682-2080
www.cusd200.org

Pierce Downer Elementary
School
Ph: (630) 719-5860
www.dg58.org/schools/pd/index.htm

River Trails Middle School
Ph: (847) 298-1750
www.rtsd26.org

Sandburg Middle School
Ph: (630) 834-4534
www.elmhurst.k12.il.us

Twin Groves Middle School
Ph: (847) 821-8946
www.twingroves.district96.k12.il.us

Willow Bend Elementary School
Ph: (847) 963-7300
www.ccsd15.net

Indiana

Burris Laboratory School
Ph: (765) 285-1131
www.bsu.edu/burris

Saint Pius X Catholic School
Ph: (317) 466-3361
www.spxparish.org

Carmel Middle School
Ph: (317) 846-7331
www.ccs.k12.in.us/cam/index.htm

Laura G. Childs Elementary
School
Ph: (812) 330-7756
www.childs.mccse.edu

Cooks Corners Elementary
School
Ph: (219) 531-3040
www.valpo.k12.in.us/ccel/index.php

Hayden Elementary School
Ph: (812) 346-2813
www.jcsc.org

Lakeside Elementary School
Ph: (317) 532-2853
www.lakeside.warren.k12.in.us

Sand Creek Intermediate School
Ph: (317) 915-4230
www.hse.k12.in.us

South Haven Elementary School
Ph: (219) 764-6840
www.portage.k12.in.us

 Iowa

Bryant Elementary School
Ph: (563) 552-3400
www.bryant.dubuque.k12.ia.us

Clay Central-Everly Elementary
School
Ph: (712) 834-2227
www.claycentral/everly.com

John Glenn Elementary School
Ph: (563) 282-9627
www.north-scott.k12.ia.us

Maple Valley Elementary
School
Ph: (712) 881-1317
www.maple-valley.k12.ia.us

Mount Vernon Community High
School
Ph: (319) 895-8845
www.mountvernon.k12.ia.us

 Kansas

Buckner Performing Arts
Magnet Elementary School
Ph: (316) 973-9350
www.usd259.com/news/schoolloc/
Elementary/Buckner

Eisenhower Elementary School
Ph: (785) 717-4340
www.usd475.org/ei

Herington Elementary School
Ph: (785) 258-3234
www.heringtonschools.org

Lincoln Elementary School
Ph: (620) 653-4549
www.usd431.net

Morris Hill Elementary School
Ph: (785) 717-4650
www.morrishill.usd475.org

Kentucky

Farmington Elementary School
Ph: (270) 674-4830
www.graves.k12.ky.us

Blessed Sacrament School
Ph: (859) 331-3062
www.school.bssky.org/school

Highlands High School
Ph: (859) 781-5900
www2.fortthomas.kyschools.us

Covington Catholic High School
Ph: (859) 491-2247
www.covcath.org

Greathouse/Shryock Traditional
Elementary School
Ph: (502) 485-8259
www.jefferson.k12.ky.us

Holy Spirit School
Ph: (502) 893-7700
www.hspirit.org

Sorgho Elementary School
Ph: (270) 852-7470
www.dcps.org/ses

Holy Trinity Parish School
Ph: (502) 897-2785
www.ht-school.org

Whitesville Elementary School
Ph: (270) 852-7670
www.daviess.k12.ky.us/wes

Lexington Catholic High School
Ph: (859) 277-7183
www.lexingtoncatholic.com

Kentucky (cont)

Villa Madonna Academy
Elementary and Junior High
School
Ph: (859) 331-6333
www.villamadonna.net

Lousiana

St. Pius X School
Ph: (504) 282-2811
www.stpiusxnola.org

St. Rita School
Ph: (504) 737-0744
www.stritaharahan.com

Glasgow Middle School
Ph: (225) 925-2942
www.glasgow.ebrschools.org

Maryland

Burleigh Manor Middle School
Ph: (410) 313-2507
www.web.mac.com/bmms

St. Andrew Apostle School
Ph: (301) 649-3555
www.standrewapostle.org

George Washington Elementary School
Ph: (410) 396-1445
www.baltimorecityschools.org

Hereford Middle School
Ph: (410) 887-7902
www.herefordms.bcps.org

River Hill High School
Ph: (410) 313-7120
www2.hcpss.org

Winston Churchill High School
Ph: (301) 469-1200
http://montgomeryschoolsmd.org

Red House Run Elementary School
Ph: (410) 887-0506
www.bcps.org

Massachusetts

Millis High School
Ph: (508) 376-7010
www.millisps.org

Nauset Regional High School
Ph: (508) 255-1505
www.nausetschools.org

Minnesota

Belgrade-Brooten-Elrosa Elementary School
Ph: (320) 346-2278
www.bbe.k12.mn.us

Hillcrest Community School
Ph: (952) 681-5300
www.bloomington.k12.mn.us

J.W. Smith Elementary School
Ph: (218) 333-3290
http://jwsmith.bemidji.k12.mn.us

Kimberly Lane Elementary School
Ph: (763) 745-5610
www.wayzata.k12.mn.us

Oak Grove Elementary School
Ph: (952) 681-6800
www.bloomington.k12.mn.us

Park Rapids Area Century Elementary School
Ph: (218) 237-6200
www.parkrapids.k12.mn.us

Rush Creek Elementary School
Ph: (763) 494-4549
www.district279.org/elem/rc

Washington Elementary School
Ph: (507) 281-6111
www.rochester.k12.mn.us

Mississippi

Bayou View Elementary School
Ph: (228) 865-4625
www.gulfportschools.org

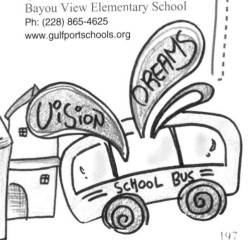

Blue Ribbon Schools Nominations

197

Biloxi High School
Ph: (228) 435-6105
www.biloxischools.net

Long Beach High School
Ph: (228) 863-6945
www.lbsd.k12.ms.us

Petal High School
Ph: (601) 583-3538
www.petalschools.com

 ## Missouri

Brennan Woods Elementary
School
Ph: (636) 677-3400
www.nwr1.k12.mo.us

Conway Elementary School
Ph: (314) 993-2878
www.ladue.k12.mo.us/conway

Bessie Ellison Accelerated
School
Ph: (816) 667-5316
web.sjsd.k12.mo.us

Jefferson Elementary School
Ph: (573) 701-1360
www.farmington.k12.mo.us/
jefferson

Westchester Elementary School
Ph: (314) 213-6160
www.kirkwood.k12.mo.us

 ## Montana

Robert H. Radley Elementary
School
Ph: (406) 227-7710
www.ehps.k12.mt.us

Nebraska

Auburn Middle School
Ph: (402) 274-4027
www.auburnpublicschools.org

St. Cecilia Cathedral Elementary
School
Ph: (402) 556-6655
www.stcecilia.net

New Jersey

Monmouth County Academy of
Allied Health and Science
Ph: (732) 775-0058
www.aahs.mcvsd.org

Immaculate Heart of Mary
School
Ph: (973) 694-1225
www.ihmwaynenj.org

Harriet Tubman Elementary
School
Ph: (973) 733-6934
www.nps.k12.nj.us/tubman/index.htm

James F. Cooper Elementary
School
Ph: (856) 424-4554
www.cooper.cherryhill.k12.nj.us

Millburn High School
Ph: (973) 564-7031
www.millburn.org

New Providence Middle School
Ph: (908) 464-9161
www.npsd.k12.nj.us

Oak View Elementary School
Ph: (973) 680-8590
www.bloomfield.k12.nj.us

 New Mexico

Immanuel Lutheran School
Ph: (505) 243-2589
www.ilsabq.org

Sunset Mesa Schools
Ph: (505) 298-7626
www.sunset-mesa.com

Tatum High School
Ph: (505) 398-4555
www.tatumschools.org

 New York

Altamont Elementary School
Ph: (518) 861-8528
www.guilderlandschools.org

Bemus Point Elementary
School
Ph: (716) 386-3795

Casey Middle School
Ph: (716) 626-8585
www.williamsvillek12.org

PS 41 The Crocheron School
Ph: (718) 423-8362
http://schools.nyc.gov/OurSchools/
Region3/Q041/default.htm

Eggert Road Elementary School
Ph: (716) 209-6215
www.opschools.org

Farragut Middle School
Ph: (914) 478-6230
www.hastings.k12.ny.us

I.S. 289 Hudson River Middle
School
Ph: (212) 571-5659
http://schools.nyc.gov/OurSchools/Re
gion9/M289

Lynbrook South Middle School
Ph: (516) 887-0266
www.lynbrook.k12.ny.us

Noxon Road Elementary School
Ph: (845) 486-4950
www.teacherweb.com/NY/Arlington/
Noxon Road School/sdhpl.stm

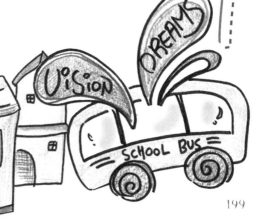

Park Road Elementary School
Ph: (585) 267-1500
www.pittsfordschools.org

New York (cont)

P.S. 184Q The Flushing Manor
School
Ph: (718) 352-7800
www.schools.nyc.gov

Rosendale Elementary School
Ph: (518) 377-3123
www.nisk.k12.ny.us/rosendale

Smallwood Drive Elementary
School
Ph: (716) 362-2190
www.amherstschools.org

South Bay Elementary School
Ph: (631) 321-3145
www.wbschools.org

Strawtown Elementary School
Ph: (845) 624-3473
www.ccsd.edu

Westmoreland Road Elementary
School
Ph: (315) 266-3440
www.wboro.org

North Carolina

Bee Log Elementary School
Ph: (828) 682-3271
www.yanceync.net

Our Lady of Lourdes Catholic
School
Ph: (919) 861-4618
www.olls.org

Sacred Heart Cathedral School
Ph: (919) 832-4711
www.cathedral-school.net

District 7 Elementary School
Classical Studies
Ph: (910) 483-0001
www.d7es@ccs.k12.nc.us

The Raleigh School
Ph: (919) 546-0788
www.raleighschool.org

Hendersonville Elementary
School
Ph: (828) 697-4752
www.hes.henderson.k12.nc.us

South Charlotte Middle School
Ph: (980) 343-3670
www.cms.k12.nc.us/allschools/
SouthCharlotte

Tryon Elementary School
Ph: (828) 859-6584
www.polk.k12.nc.us

North Dakota

Kulm High School
Ph: (701) 647-2303
www.kulm.k12.nd.us

Ohio

Addaville Elementary School
Ph: (740) 367-7283
www.gallialocal.org

Guardian Angels Elementary
School
Ph: (513) 624-3141
www.gaschool.org

Aurora High School
Ph: (330) 562-3501
www.aurora-schools.org

Our Lady of the Visitation
School
Ph: (513) 347-2222
www.olvisitation.org

Burlington Elementary School
Ph: (740) 894-4230
www.southpoint.k12.oh.us

Saint James School - White Oak
Ph: (513) 741-5333
www.stjameswo.org

Dalton Local High School
Ph: (330) 828-2261
www.dalton.k12.oh.us

St. Michael School
Ph: (216) 524-6405
www.stmichaelschoolinfo.org

Eastport Avenue Elementary
School
Ph: (740) 922-4641
www.claymont.k12.oh.us

Elm Primary School
Ph: (513) 761-6767
www.wyomingcityschools.org

Ohio (cont)

Grandview Heights High School
Ph: (614) 481-3620
www.grandviewschools.org

Hilltop Primary School
Ph: (513) 761-7575
www.wyomingcityschools.org

Indian Hill High School
Ph: (513) 272-4550
www.ih.k12.oh.us

Longcoy Elementary School
Ph: (330) 676-8350
www.kent.k12.oh.us

Oakwood High School
Ph: (937) 297-5325
www.oakwoodschools.org

Parkside Elementary School
Ph: (440) 349-2175
www.solonschools.org

Parkview Elementary School
Ph: (330) 262-3821
www.wooster.k12.oh.us

Ellsworth Elementary School
Ph: (330) 538-3663
www.westernreserve.k12.oh.us

Oklahoma

Dickson High School
Ph: (580) 226-0633
www.dickson.k12.ok.us

All Saints Catholic School
Ph: (405) 447-4600
www.allsaintsnorman.org

Edmond North High School
Ph: (405) 340-2875
www.edmondschools.net/north

Homer Long Elementary School
Ph: (580) 338-4370
www.guymontigers.com

Lakeview Elementary School
Ph: (405) 366-5899
www.norman.k12.ok.us/107

Lincoln Elementary School
Ph: (918) 825-0653
www.pryor.k12.ok.us

Woodlands Elementary School
Ph: (580) 767-8025
www.poncacity.k12.ok.us

Pennslyvania

Brady-Henderson Mill Creek
Elementary School
Ph: (814) 643-3038
www.hasd.tiu.k12.pa.us/brady.asp

Gwynedd-Mercy Academy
Elementary
Ph: (215) 646-4916
www.gmaelem.org

Clara Barton Elementary School
Ph: (412) 466-1820
www.wmasd.org

Saint Anastasia School
Ph: (610) 356-6225
www.saintannies.org

Saint Ignatius of Antioch
Catholic School
Ph: (215) 493-3867
www.sischool.org

First Street Elementary School
Ph: (724) 745-3130
www.cmsd.k12.pa.us/first_street/
main.htm

Saint Patrick School
Ph: (717) 249-4826
www.stpatrickschool.carlisle.pa.us

Midland Elementary Middle
School
Ph: (724) 643-8650
www.midlandpa.org

Turnpike Elementary School
Ph: (570) 928-8341
www.sulcosd.k12.pa.us

William Prescott Elementary
School
Ph: (570) 348-3683
www.scrsd.org

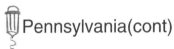

Pennsylvania(cont)

The McAuliffe Heights Program
at Irving Elementary School
Ph: (814) 946-8392
www.irving.aasdcat.com

Robert Blair Pollock Elementary
School
Ph: (215) 961-2004
www.phila.k12.pa.us

Edison Elementary School
Ph: (814) 874-6470
www.eriesd.org

South Carolina

Southside Christian Lower
School
Ph: (864) 234-7595
www.southsidechristian.org

Gold Hill Elementary School
Ph: (803) 548-8250
www.fort-mill.k12.sc.us

Jennie Moore Elementary
School
Ph: (843) 849-2815
www.jenniemoore.ccsdschools.com

W. M. Anderson Primary School
Ph: (843) 355-5493
www.wcsd.k12.sc.us

Wright Elementary School
Ph: (864) 296-1776
www.anderson2.k12.sc.us/schools/
wes

South Dakota

Blunt Elementary School
Ph: (605) 962-6297
www.sullybuttes.k12.sd.us

Tennessee

Harpeth High School
Ph: (615) 952-2811
www.harpethhigh.org

Holston View Elementary
School
Ph: (423) 652-9470
www.btcs.org

Jacks Creek Elementary School
Ph: (731) 989-8155
www.chestercountyschools.org

Jefferson Middle School
Ph: (865) 425-9301
www.jms.ortn.edu

Texas

Amelia Earhart Elementary
School
Ph: (972) 794-3700
www.dallasisd.org

Salem Lutheran School
Ph: (281) 351-8122
www.salemlutheran.com

A. P. Beutel Elementary School
Ph: (979) 730-7165
www.brazosportisd.net/beutel

St. Mark the Evangelist Catholic
School
Ph: (972) 578-0610
www.stmarkcatholicschool.com

Bertram Elementary School
Ph: (512) 355-2111
www.burnet.txed.net

St. Pius X Catholic School
Ph: (361) 992-1343
www.stpiusxschoolcc.org

C. T. Eddins Elementary School
Ph: (469) 742-6600
www.mckinneyisd.net/Campuses/
school_websites/eddins

Denver City High School
Ph: (806) 592-5950
www.dcisd.org

Emmett J. Scott Elementary
School
Ph: (713) 671-4110
www.es.houstonisd.org

Fort Settlement Middle School
Ph: (281) 634-6440
www.fortbend@k12.tx.us

Texas (cont)

Golden Rule Elementary School
Ph: (903) 462-7331
www.denisonisd.net

Henry W. Longfellow Career
Exploration Academy
Ph: (972) 749-5400
www.dallasisd.org/school/ms/longfellow

Hidden Forest Elementary
School
Ph: (210) 491-8425
www.neisd.net

Highland Park High School
Ph: (214) 780-3700
www.hs.hpisd.org

Huebner Elementary School
Ph: (210) 408-5525
www.neisd.net

Johnson Elementary School
Ph: (979) 209-1460/
http://fc.bryanisd.org/johnson

LaVace Stewart Elementary
School
Ph: (281) 284-4700
www.ccisd.net/school/stewart

Lockhart Junior High School
Ph: (512) 398-0770
www.lockhartisd.org

Lubbock-Cooper High School
Ph: (806) 863-3160
www.lcisd.net

Meridian Elementary School
Ph: (254) 435-2731
www.meridianisd.org

Texas (cont)

Frances E. Norton Elementary
School
Ph: (972) 396-6918
www.allenisd.org/norton

Ramona Elementary School
Ph: (915) 434-7700
www2.yisd.net

Walnut Glen Academy for
Excellence
Ph: (972) 494-8330
www.garlandisdschools.net

W.H.L. Wells Elementary
School
Ph: (469) 752-3700
www.k-12.pisd.edu

Virginia

Elk Knob Elementary School
Ph: (276) 546-1837
www.leectysch.com

St. Bridget School
Ph: (804) 288-1994
www.saintbridget.org

Fancy Gap Elementary School
Ph: (276) 728-7504
www.ccpsd.k12.va.us

St. Gregory the Great Catholic
School
Ph: (757) 497-1811
www.stgregory.pvt.k12.va.us

Meherrin Elementary School
Ph: (757) 654-6461
www.southampton.k12.va.us

St. Joseph School
Ph: (703) 880-4350
www.sjcherndon.org

Shady Grove Elementary School
Ph: (804) 364-0825
www.henrico.k12.va.us

Sharon Elementary School
Ph: (540) 863-1712
www.alleghany.k12.va.us

Tazewell Elementary School
Ph: (276) 988-4441
www.tazewell.k12.va.us

W. H. Taylor Elementary School
Ph: (757) 628-2525
www.nps.k12.va.us

Washington

Inglemoor Senior High School
Ph: (425) 489-6501

Madison Elementary School
Ph: (509) 354-3600
www2.spokaneschools.org

South Whidbey High School
Ph: (360) 221-4300
www.sw.wednet.edu

West Virginia

Frankford Elementary School
Ph: (304) 497-2921
http://boe.gree.k12.wv.us/frankford/
index.html

Sacred Heart Grade School
Ph: (304) 346-5491
www.shgs.us

Pineville Middle School
Ph: (304) 732-6442
www.pms.wyom.k12.wv.us

Scott Teays Elementary School
Ph: (304) 757-7279
www.putnam.schoolspan.com

Wisconsin

Cuba City High School
Ph: (608) 744-8888
www.cubacity.k12.wi.us

Wauwatosa East High School
Ph: (414) 773-2010
www.wauwatosaschools.org

Golda Meir School
Ph: (414) 212-3200
www2.milwaukee.k12.wi.us

Marathon High School
Ph: (715) 443-2226
www.marathon.k12.wi.us

Neenah Creek Elementary
School
Ph: (608) 981-2341
www.sdwd.k12.wi.us/
neenahcreek.html

 # Wyoming

Glenn Livingston Elementary
School
Ph: (307) 587-4271
www.park6.org

Rawhide Elementary School
Ph: (307) 682-0774
www.ccsd.k12.wy.us